4차 산업 혁명 길들이는 법

지금 세상은 빠르게 변하고 있어요. 우리가 SF 영화에서나 볼 수 있었던 상상 속의 세계가 다가오고 있지요. 이런 변화의 물결을 '4차 산업 혁명'이라고 부르는데, 이 물결은 이전의 산업 혁명보다 더 강력하게 개개인에게 영향을 미칠 것이고, 여러분 또한 이미 이 물결에 발을 담그고 있답니다.

한때 속초를 발칵 뒤집었던 포켓몬고도 그 물결의 일부분이고, 요즘은 어린이들도 많이 가지고 노는 드론, 이세돌 9단과 바둑 경기를 치렀던 인공지능 알파고 또한 이 물결에 속해 있지요. 대표적인 이 세 가지 기술은 무척이나 빠른 속도로 우리 생활 곳곳으로 파고드는 중이랍니다.

그중에서 포켓몬고로 대표되는 증강 현실 기술이 여러분에게 가장 익숙할 거예요. 이 기술이 적용된 책에서는 마법처럼 캐릭터가 튀어나오기도 하고 실제 상황처럼 사격 게임을 즐길 수도 있으니까요.

한마디로 불과 10년 전에는 상상도 못했던 기술을 이제는 누구나 자유롭게 활용하면서 생활의 편의와 재미를 누릴 수 있는 시대가 된 거예요.

하지만 이렇게 고도의 기술을 손쉽게 활용하다 보니 문제점이 생겨났어요. 바로 이 기술들을 위험한 일에 사용하는 것도 쉬워졌다는 거예요. 아마 여러분은 이렇게 생각할지도 몰라요.

"에이, 난 그저 가지고 노는 건데 위험한 일은 절대 안 해. 나랑 상관없어."

그러나 아쉽게도 현실은 그렇지 않아요. 여러분이 아차, 하는 순간 나쁜 일에 휩쓸릴 수 있고 그런 상황은 앞으로 더 늘어날 거예요.

이 책은 바로 그런 이야기들을 담고 있어요. 이야기 속 어린이들도 최첨단 기술을 그저 누리고 즐길 뿐인데, 위험한 일에 휩쓸려 드론 탐정에게 도움을 구하지요. 그러면서 자신의 잘못이 무엇인지 비로소 깨닫게 됩니다.

여러분도 이 책을 읽다 보면 의외로 그런 일이 쉽게 일어날 수 있다는 것을 알게 될 거예요. 그리고 위험한 일에 휘말리지 않으려면 오로지 자신의 양심이 가진 힘을 믿는 것뿐이라는 것도요. 그것이 바로 4차 산업 혁명의 시대의 거대한 물결에 휩쓸리지 않고 대신 그것을 멋지게 길들이는 방법이랍니다.

백은영

차례

작가의 말 · 4

시작은 깨비 망구 · 9
사이버 세상과 연결된 진짜 세상 · 16

3D 프린터로 만든 친구 · 18
프랑켄슈타인의 딜레마 · 46

나는 네가 똥 싼 시간을 알고 있다! · 50
양날의 검, 드론 · 76

🥤 **해커는 꼭 모자를 쓴다** · 80
　　스크립트 키디 · 100

🍰 **편의점에서 악마가 왔다** · 104
　　푸드 사막 · 130

🥤 **코딱지 마녀** · 134
　　감정 기반 채팅 로봇의 질주 · 160

시작은 깨비 망구

화창한 봄날 오후, 보안관 할머니는 방과 후 순찰을 돌기 위해 교문 밖으로 나섰다. 그 순간 아이들이 고함을 질렀다.

"깨비 망구가 나타났다! 튀어!"

보안관 할머니는 또 시작이구나 싶어 얼굴을 찌푸렸다. 특별히 야단을 친 적도 없는데 아이들은 보안관 할머니만 보면 귀신이라도 본 것처럼 도망을 쳤다. 저희끼리 통하는 별명을 부르면서.

'얘들아, 깨비 망구가 혹시 도깨비 할망구의 줄임말이니?'

그렇게 묻고 싶었지만 그랬다가는 아이들이 더욱 겁을 먹고 도망갈 것 같아 입도 벙긋 안 했다. 그저 매일같이 아이들이 불량 식품을 사 먹지는 않나, 집에 안 가고 위험한 곳에서 노는 건 아닌가 지켜볼 뿐이었다.

"보안관에 지원한 건 애들을 지켜 주고 싶어서였는데……."

텅 빈 학교를 순찰하다 보니 혼잣말이 절로 튀어나왔다. 보안관 할머니는 작년까지 일했던 경찰서가 그리웠다.

그곳에서 할머니는 집 나간 청소년 찾는 일을 했다. 그 일을 하면서 고민 해결 방법을 찾지 못해 가출하는 청소년이 많다는 사실을 알게 되었다. 할머니는 아이들의 고민을 들어 주고 작은 지혜라도 보태고 싶은 마음에 보안관이 되었다.

'내 행동이 뭔가 잘못되었나? 아니면 원래 애들은 보안관을 무서워하나? 어쨌든 이대로라면 나에게 도움을 청할 아이가 하나도 없겠어.'

보안관 할머니는 연못이 있는 뒤뜰 계단을 걸어 내려가면서 한숨을 푹푹 내쉬었다. 그때였다.

위잉!

요란한 프로펠러 소리와 함께 고함이 들려왔다.

"조심하세요!"

할머니는 반사적으로 다리를 번쩍 들어 머리로 날아드는 것을 내리쳤다. 경찰관 시절 몸에 밴 습관이 튀어나온 것이다.

"으악, 너무해!"

5, 6학년쯤으로 보이는 남자아이가 울상을 지으며 외쳤다. 그제야

할머니는 자신이 발로 찬 것이 소형 드론이라는 것을 알았다.

"아이고, 이런!"

할머니는 황급히 달려가 드론을 집어 들고 상태를 살폈다. 다행히 망가진 건 날개 하나뿐이었다.

"프로펠러만 갈면 되겠구나. 학교 근처 전자 상가에 내가 아는 가게가 있는데 내 이름을 대면 그냥 고쳐 줄 거야."

남자아이의 눈이 휘둥그레졌다.

"우아, 할머니가 그런 건 어떻게 아세요?"

"마음에 상처가 가득한 아이들이랑 노는 데 드론 만한 게 없었거든. 지금도 가끔 아이들과 만나서 드론 공원에 간단다."

"아, 도깨비가 아니었구나."

"도깨비?"

"아니요, 죄송해요. 말이 잘못 나왔어요."

"말해 봐라. 왜 다들 날 보고 도망가는 거니? 내가 너희를 야단치는 것도 아닌데."

보안관 할머니는 주머니에서 수첩을 꺼내 프로펠러를 고칠 가게의 주소와 전화번호를 적었다. 그 종이를 눈앞에서 팔랑이자 남자아이는 마지못해 입을 열었다.

"매일 두 눈에 힘을 딱 주고 우리를 노려보시잖아요. 웃지도 않고 화난 얼굴로요. 그러니까 누군가가 도깨비 할망구라고 부르기 시작했고, 찍히면 죽는다고 소문이 퍼지고, 그러다 보니……."

"날 따돌리고 있다 이거구나."

"에이, 그건 아니에요. 저희는 애들이고 할머니는 어른이잖아요. 친한 게 더 이상하죠."

남자아이는 두 손을 내보이며 다소곳이 말했다. 보안관 할머니는 쪽지를 건네주었다. 남자아이는 신난 얼굴로 고개를 꾸벅 숙이고 뒤뜰을 떠났다. 둘도 없는 귀한 보물이라도 되는 것처럼 망가진 드론을 소중히 챙겨 들고.

홀로 남겨진 보안관 할머니는 씁쓸했다.

'만약 내가 드론이라면 깨비 망구니 뭐니 하면서 따돌리지 않고 다들 나를 좋아할 텐데.'

그렇게 생각하며 걸음을 옮기다가 할머니는 우뚝 멈춰 섰다.

"가만……. 될 수도 있겠다!"

문득 텔레비전 뉴스에서 사람이 갈 수 없는 사고 현장에 드론을 날려 보내던 장면이 떠올랐다. 생각해 보니 아이들 앞에 바로 나설 수 없는 지금 자신의 상황과 비슷했다.

"그래, 경찰서에서 일할 때도 드론은 언제나 아이들과 친구가 되게 해 주는 멋진 놈이었지."

할머니는 혼잣말을 하며 요즘 유행하는 최신형 드론을 떠올렸다. 그중에는 근사한 용 모양 옷을 입힐 수 있는 개성 만점의 미니 드론

도 있었다. 친구에게 선물받은 구글카드보드도 생각났다. 골판지로 만든 가상 현실 체험기라고 우습게 봤지만 의외로 쓸 만할 것 같았다. 구글카드보드와 미니 드론을 연결하면 새로운 용도로 쓸 수 있을 것이다.

　보안관 할머니는 씩 웃었다. 이제부터 뭘 해야 할지 알 것 같았다.

미니 드론을 사고 학교에 조용히 소문을 퍼트리는 것이다.

'샛별 초등학교에 드론 탐정이 있다!'

그 전에 드론 탐정을 부를 주문을 만들어야 했다. 누구든 쉽게 외울 수 있는 것으로. 또한 아이들과 드론이 만날 장소가 필요했다. 아이들은 찾기 쉽고 선생님들 눈에는 띄지 않는 곳으로.

보안관 할머니는 뒤로 돌아섰다. 샛별 초등학교에서 가장 적당한 장소는 바로 이곳, 뒤뜰 연못이었다.

"좋아. 드론 탐정 이름은 오하나. 주문은 '오! 하나, 둘, 셋!' 방과 후 연못에서 부르면 반드시 나타난다."

보안관 할머니는 또박또박 말해 보며 손을 비비적거렸다. 두근두근 심장이 고동쳤다. 드론 탐정의 전설이 막 시작되었다.

쉬운 과학 이야기 ①

사이버 세상과 연결된 진짜 세상

조금은 어려운 말, 4차 산업 혁명

세상은 빠르게 변하고 있어요. 특히 2000년대에 스마트폰이 보급되면서 시작된 변화는 이제 눈앞에 또렷이 보일 만큼 어마어마해졌지요. 사람들은 스마트폰 어플리케이션을 이용해 기다릴 필요 없이 택시를 부르고, 지구 반대편에 있는 사람의 집을 빌리기도 해요. 마치 현실에 있는 것처럼 실감나게 사이버 캐릭터를 잡는 게임도 생겼어요.

이것은 온라인으로만 접하던 사이버 세상이 이제 현실 세계와 길을 트기 시작했음을 보여 줘요. 즉, IT 기술을 이용해 연결이 불가능해 보이던 세상을 서로 연결하고 융합하는 시대가 왔음을 의미합니다. 이것이 바로 '4차 산업 혁명'이에요.

산업 혁명이라는 말이 어렵다고요? 우리가 사는 지구 위에 기차가 달리고 비행기가 날아다니고 인터넷이 가능해지기까지 걸린 시간은 100여 년에 불과해요. 그중에서도 공장에서 일어난 변화가 가장 큰데, 그 변화를 '산업 혁명'이라고 불러요.

1차 산업 혁명은 증기 기관이 발명되면서 시작되었어요. 증기 기관이란 석탄과 같은 연료로 물을 끓여 만든 수증기를 활용해 큰 힘을 낼 수 있는 기계 장치를 말해요. 증기 기관을 활용하면서 물건을 손쉽게 만들 수 있게 되었고, 증기 기관차의 발명으로 만든 물건을 전 세계로 쉽게 운반할 수 있게 되었지요.

2차 산업 혁명은 공장에서 전기와 컨베이어 벨트를 사용하면서 시작되었어요. 전기의 사용으로 커다란 증기 기관 없이도 물건을 만들 수 있게 되었고, 컨베이어 벨트 덕분에 많은 물건을 효율적으로 만들 수 있었죠.

3차 산업 혁명은 컴퓨터를 비롯한 정보 통신 기술이 발전해 공장의 자동 생산이 가능해지면서 시작되었습니다.

그리고 이제 4차 산업 혁명 시대에는 공장에 디지털 기술이 도입되면서 천편일률적인 생산 방식을 넘어서서 소비자 맞춤형 물건의 생산이 가능해졌어요. 또한 인공 지능을 적극 도입해 불량품이나 낭비되는 자원이 없도록 관리하기 시작했지요. 이런 공장을 '스마트 공장'이라고 부릅니다.

그렇다면 이런 변화가 공장 밖에서는 어떻게 벌어지고 있을까요? 드론, 인공 지능에 기반을 둔 로봇, 사물 인터넷을 통해 서로 연결되는 스마트 가전제품 등이 있어요. 하지만 개인 신상 정보를 털어 가는 사이버 도둑이나 해커 등 나쁜 점도 늘고 있지요.

4차 산업 혁명의 물결을 타고 미래로 가는 건 생각보다 쉬울 거예요. 하지만 멋진 미래를 위해서 여러분이 꼭 알아야 할 것들이 있답니다. 지금부터 드론 탐정이 된 보안관 할머니와 함께 하나씩 차근차근 배워 보아요.

생각하기 & 토론하기

❶ 4차 산업 혁명의 장점은 무엇일까요?
❷ 4차 산업 혁명의 단점은 무엇일까요?

3D 프린터로 만든 친구

'불러도 드론 탐정이 나타나지 않으면 어떡하지?'

연우는 조바심이 나서 발걸음을 서둘렀다. 무슨 일이든 척척 해결해 준다는 드론 탐정은 지난해 가을 갑자기 등장해 샛별 초등학교 아이들 사이에서 유명해졌다. 하지만 어디까지나 아이들만의 비밀이다. 어른들은 아무것도 몰랐다. 근처에 어른이 있으면 귀신같이 알고 모습을 감춘다고 했다.

"흠, 흠."

연우는 목청을 가다듬으며 현관이 아닌 뒷문을 통해 학교 뒤뜰로 갔다. 정성스레 가꾼 꽃밭 사이로 작은 연못이 보였다. 이곳은 매년 4학년이 관리를 맡는다. 연우도 지난해에 삼각형 모양의 꽃밭을 정성스레 가꿨다. 올해 그곳을 맡은 아이들은 조금 색다른 꽃을 심어 놓았다. 평소였다면 그 꽃들을 살피며 탄성을 터트렸을 테지만 지금 연우에게는 그럴 마음의 여유가 없었다. 그저 빨리 이 사건을 해결하고 싶은 생각뿐이었다.

"흠, 흠, 오! 하나?"

연우는 작은 연못 앞에 서서 드론 탐정을 부르는 주문을 우물거렸다. 하지만 조용했다. 혹시나 누가 있나 두리번거렸지만 아무도 없었다.

'방과 후 수업 전에 부르면 반드시 나타난다고 했는데.'

연우는 용기를 내어 조금 목청을 높여 외쳤다.

"오! 하나, 둘, 셋!"

점점 커지는 목소리는 허공을 맴돌다가 뚝 끊겼다. 연우는 어깨를 축 늘어뜨렸다. 아무래도 헛소문인 모양이었다. 아이들이 하도 실감 나게 이야기해서 철석같이 믿었는데 소문이 분명했다.

"아, 이제 어떡하지."

이 일을 선생님과 엄마에게 털어놓으려니 눈앞이 캄캄했다. 어쩌면 반성문을 100장쯤 쓰고, 화장실 청소를 1년쯤 하게 될지도 몰랐다. 엄마는 용돈을 줄이고, 음식물 쓰레기 당번을 6개월쯤 시킬 수도 있다. 하지만 그런 것들보다 연우를 겁나게 하는 건 그 물건 때문에 소중한 친구가 다칠지도 모른다는 불길한 예감이었다.

두다다…….

머리를 쥐어뜯으며 쪼그리고 있던 연우는 프로펠러 소리에 고개를 들었다. 거짓말처럼 연못 위로 검은 용 모양의 드론이 나타났다. 활짝 펼친 용 날개 위에는 네 개의 주황색 프로펠러가 쌩쌩 돌고 있고, 용의 배 부분에는 납작한 직사각형 카메라가 달려 있었다. 햇살에 반짝이는 렌즈가 연우를 향했고, 남자 같기도 하고 여자 같기도 한 괴상한 목소리가 들려왔다.

"해결해 줬으면 하는 일이 뭐지?"

연우는 벌떡 일어섰다. 살았다는 안도감과 동시에 머릿속에 그동안 있었던 일들이 차례차례 떠올랐다. 힘겨운 목소리로 연우는 조심스레 입을 열었다.

"어디부터 이야기해야 할지 모르겠어요. 전 3D 프린터로 아기 욕실 장난감을 만들어요. 그걸 엄마가 운영하는 아동복 쇼핑몰에서

물건을 산 사람들에게 선물로 주고 있어요. 4학년 때 재미로 시작했는데 의외로 인기가 많아서 요즘은 그걸 받으려고 주문하는 사람도 늘고 있어요. 그래도 공부가 먼저라는 엄마의 말에 그만두려고 했는데, 그런데 두 달 전에요……."

그날은 우울한 날이었다. 연우는 5학년 전체에서 가장 인기 많은 주희의 생일 파티에 초대받지 못했다. 주희와는 4학년 때도 같은 반이었기 때문에 기대하고 있었는데 역시나 연우는 주희 관심 밖의 아이인 모양이었다.

"괜히 만들었어. 줄 사람도 없는데."

연우는 책상 위에 놓인 노란색 핀을 집어 들며 중얼거렸다. 그것

은 3D 프린터로 공들여 만든 나비 모양 핀이었다. 요즘 들어 주희가 커다란 꽃핀을 꽂고 다니는 걸 보고 만들었으니 그 누구의 선물보다 좋아할 게 분명했다. 세상에서 단 하나뿐인 주희만을 위한 선물이니까.

하지만 생일에 초대받지도 못했는데 선물을 줄 수는 없었다. 그랬다가는 주희와 같이 다니는 여자애들이 한바탕 흉을 볼 게 틀림없었다. 유령과 마찬가지인 아이가 누구나 친구가 되고 싶어 하는 주희에게 아양을 떤다고. 그러면 주희는 당황해서 핀을 꽂고 다닐 엄두도 못 내겠지.

'4학년 때도 단짝 친구가 하나도 없었는데 5학년 내내 친구가 생기지 않으면 어쩌지?'

연우는 한숨을 쉬며 시계를 확인했다. 6시였다. 한창 즐겁게 수다를 떨며 케이크를 자르고 있을 시간이었다. 상상만으로도 배가 아파 연우는 앓는 소리를 내며 책상 위에 엎드렸다. 그러고 있는데 엄마의 쇼핑몰 게시판과 연결된 알림 메시지가 떴다.

문어 모양 욕실 장난감이 안 왔어요! 그거 받으려고 물건을 더 주문했는데 안 와서 우리 아기가 무척 서운해 해요. 꼭 보내 주세요!

"어휴. 이런 문제는 꼭 엄마가 없을 때 생기더라."

내용을 읽고 연우는 툴툴댔다. 평소라면 엄마가 알아서 할 일인데 지금 엄마는 친구와 동해로 여행을 떠났다.

연우는 얼굴을 구기며 주소를 확인했다. 다행인지 불행인지 마침 근처에 있는 아파트였다. 좀 있으면 아빠가 퇴근을 할 테니 아빠한테 가져다주라고 할까 잠깐 고민했다. 하지만 이내 고개를 저었다. 연우의 아빠는 산적처럼 우락부락하게 생긴 데다 몸집까지 컸다. 그런 아빠가 '핑크파랑 아가 옷 쇼핑몰'에서 나왔다고 말하는 모습을 상상하니 저절로 웃음이 나왔다. 글을 남긴 아줌마도 배꼽을 잡을 게 뻔했다.

"어쩔 수 없지. 내가 가는 수밖에."

문어 모양 욕실 장난감을 쇼핑백에 챙겨 넣고 나가려다가 연우는 나비 모양 핀도 집어넣었다. 어차피 선물할 수 없게 된 거 그 아줌마에게 점수도 딸 겸 함께 주면 좋을 것 같았다. 연우는 그 아줌마에게 배달을 간다는 메시지를 보내고 집을 나섰다.

5분쯤 걸어 도착한 아파트는 아주 으리으리했다. 새로 지어서인지 번쩍번쩍 빛이 나는 것 같았다. 울창한 나무가 늘어선 길을 걸어 연우는 주소에 적힌 동으로 들어섰다. 엘리베이터를 타고 11층에서 내리니 경쾌한 웃음소리가 현관문 밖까지 흘러나왔다. 아무래도 손님이 잔뜩 와 있는 모양이었다.

'방문해도 괜찮은지 먼저 여쭤볼걸.'

연우는 실수했다 싶었지만 이대로 돌아갈 수는 없어 초인종을 눌렀다. 인터폰을 타고 누구냐고 묻는 목소리는 연우 또래의 여자애 같았다. 아가 옷 쇼핑몰에서 왔다고 하자 문이 열렸고, 연우는 안에서 있는 사람이 주희임을 알고 입이 떡 벌어졌다.

"어머! 네가 그 애였어?"

연우보다 더 놀란 얼굴로 주희가 소리쳤다. 연우는 얼떨떨한 얼굴로 눈을 깜빡거렸다.

"그 애?"

"나랑 같은 학년인데도 3D 프린터로 인기 절정 장난감을 만든다고 우리 엄마가 좀 보고 배우라고 귀에 못이 박히게 잔소리를 하셨거든. 대체 누군가 했는데 그게 설마 너일 줄이야!"

"인기 절정은 무슨. 그냥 초등학생이 만든다고 하니까 신기해서 그러는 거겠지."

"그게 중요하지! 진짜 부럽다. 난 컴퓨터 코딩 수업도 못 쫓아가서 허덕이는데 넌 그것도 잘하잖아."

마치 눈여겨보고 있었다는 듯한 주희의 말에 연우는 기분이 좋았다. 뭐라 대꾸해야 할지 몰라 우물거리는데 주희의 어깨 너머로 주희와 똑같이 생긴 아줌마가 나타났다. 아줌마 품에는 두 살쯤 되어 보이는 남자아이가 안겨 있었다.

"케이크 준비 다 됐는데 여기서 뭐 하니? 친구가 왔으면 데리고 빨리 들어가자."

아줌마가 연우를 눈짓하며 말했다.

"아니요. '핑크파랑 아가 옷 쇼핑몰'에서 왔습니다. 장난감 드리려고요. 저희 엄마가 실수로 깜빡하셨다고 죄송하다고 전해 달라고 하셨어요."

연우는 허둥대며 대답했다.

"세상에. 네가 그 애로구나! 아주 손재주가 좋던데."

주희와 아주 닮은 미소를 지으며 아줌마가 소리쳤다. 어쩐지 쑥스러워져 연우는 허둥대며 문어 인형이 든 가방을 내밀었다. 그 순간 안에 주희에게 주려고 만든 나비 핀이 있다는 게 떠올랐다. 마침 잘되었다 싶어 연우는 포장된 핀을 꺼내 주희에게 내밀었다.

"이건 너 줄게."

그러자 아줌마의 눈동자가 동그래졌고, 주희는 재미있다는 얼굴로 연우에게 말했다.

"들어와. 오늘 내 생일이거든. 같이 놀자."

쥐구멍에도 볕들 날이 있다더니 그날 저녁이 딱 그랬다. 그토록 오고 싶었던 주희의 생일 파티에서 함께 촛불을 끄고 케이크를 나눠 먹었다. 꿀처럼 맛있는 케이크 뒤엔 근처 레스토랑에서 주문했다는 피자와 파스타가 이어졌다. 더불어 무알콜 모히토라는 음료수도 곁들여졌다. 어쩐지 어른이 된 것 같은 근사한 생일 파티였다. 그렇게

다 같이 음식을 먹은 뒤 선물을 풀어 보는 시간이 되었다.

연우의 예상대로 주희는 나비 핀을 보고 환호성을 터트렸다. 이렇게 고급스러운 핀을 받아도 되는 거냐며 호들갑을 떨었다. 그러더니 머리에 바로 꽂아 보았다.

"연우 너 눈썰미가 진짜 좋구나. 나한테 너무 잘 어울리네. 어쩜 이렇게 내 스타일을 잘 아니?"

둘러앉아 있던 주희 친구들의 얼굴이 구겨졌다. 특히나 주희와 가장 친한 친구로 소문난 예지의 표정은 무서울 정도였다. 연우는 몸 둘 바를 몰라 하며 얼른 말했다.

"그냥 도면 보고 만든 거야. 남아도는 필라멘트로."

"필라멘트?"

주희가 고개를 갸웃거렸다.

"응. 3D 프린터에 쓰는 재료 중 하나야. 가느다란 전선처럼 생겼어. 색이 여러 가지인데 세 가지 색깔까지 섞어 쓸 수 있어."

"아! 알 것 같아. 지난번에 엄마가 3D 매직펜을 선물로 사 주셨는데, 그 펜에 넣는 심도 그렇게 생겼어."

주희 옆에 앉은 아이가 얼른 아는 척을 했다. 연우는 고개를 끄덕였다.

"맞아. 같은 원리야. 프린터는 그림 파일을 입력하면 그걸 그대로 찍어 내는 거고, 매직펜은 내 마음대로 직접 그린다는 차이가 있을

뿐이야."

"그럼 3D 매직펜으로 네가 만든다는 장난감도 만들 수 있어?"

또 다른 아이가 끼어들었다.

"그건 옥수수 분말로 만든 레진을 써. 친환경 소재야. 아기들이 장난감을 입에 넣을 수도 있다고 엄마가 비싸더라도 그걸로 하라고 하셨거든. 아, 레진은 색깔이 든 액체라고 생각하면 돼. 잉크처럼 프린터에 부어서 사용해. 뭐, 요즘에는 커피 찌꺼기로 만든 친환경 필라멘트도 나오지만 레진을 쓰는 게 더 예쁘고 깔끔해."

연우가 대답했다.

"굉장하다! 어쩜 그런 어려운 말을 척척 하니?"

그때까지 잠자코 있던 예지가 눈을 반짝이며 말했다.

"별거 아니야. 너희도 조금만 해 보면 금세 할 수 있을 거야. 필요한 건 인내심뿐이야. 욕실 장난감 하나를 찍는 데 열일곱 시간 정도 걸리거든."

연우는 속으로 안도의 한숨을 내쉬며 대답했다.

"열일곱 시간?"

예지를 선두로 합창이라도 하듯 아이들이 소리쳤다. 연우는 어쩐지 우스웠다. 언제나 멀게만 느껴지던 주희와 주희 친구들이 성큼 코앞으로 다가온 느낌이었다. 그리고 그 예감은 틀리지 않았다.

당장 다음 날부터 주희를 비롯한 주희 친구들은 연우를 보고 반갑게 인사했다. 연우는 너무 기뻐 밤새도록 연필 끼우개를 만들어 아이들에게 나눠 주었다. 요즘 아이들 사이에서 인기 있는 바나나 모양의 애니메이션 캐릭터를 입체적으로 만든 끼우개였다.

예지가 가장 좋아했고, 주희는 그 애들을 못 말린다는 얼굴로 바라보더니 연우의 팔짱을 끼며 말했다.

"저학년도 아니고 고작 연필 끼우개에 난리니. 뭐, 잘됐어. 이제부터 같이 점심 먹자. 다들 너랑 더 친해지고 싶어 하거든."

언제나 되는대로 앉아 점심을 먹던 연우는 기꺼이 주희의 제안을 받아들였다. 주희네 무리에 끼고 싶어 안달을 하던 몇몇 여자애들이 질투 어린 얼굴로 연우를 쳐다봤다. 자신들과 별반 다르지 않은 연우가 어떻게 저렇게 됐는지 의아해 하는 낯빛이 참 고소했다.

'그래, 난 유령이 아니야. 더는 유령이 아니야. 학교 오는 게 이렇게 신날 수 있다니! 진작 뭐라도 해 봤어야 했어.'

예지를 비롯해 따뜻하게 대해 주는 주희와 친구들 덕분에 연우는 날아갈 것 같은 기분이었다. 그 아이들은 연우가 하는 이야기를 좋아했고, 심지어 예지는 방과 후에 같이 떡볶이를 먹자며 자주 연우를 불렀다. 어느새 그런 시간들이 일상이 되었고, 5일 내내 학원에 가야 하는 주희가 샘을 낼 정도였다. 그래서 주희가 그 말을 꺼냈을 때 연우는 다행이다 싶었다.

"못되게 구는 남자애들을 혼쭐 낼 여자들만의 비밀 병기?"

혹시 잘못 들은 게 아닌가 싶어 연우는 되물었다.

"응, 너도 알다시피 요즘 기현이네 패거리가 나만 보면 킥킥대잖아. 기분 나빠 죽겠다니까."

주희가 씩씩거렸다.

연우는 입을 앙 다물며 고민에 잠겼다. 같은 반인 기현이는 연우와 유치원 때부터 친구였다. 지금도 앞집에 산다. 그런 기현이를 혼내 줄 무기라니 영 내키지 않았다. 하지만 도저히 거절할 수가 없었다. 실제로 요즘 기현이와 기현이 친구들이 주희에게 이상하게 구는 건 사실이었으니까.

"좋아. 만들어 보지 뭐."

연우가 말했다.

"역시 연우 너라면 해 줄 거라 생각했어. 근사한 걸로 부탁해."

주희는 해맑게 웃고는 학원에 늦었다며 서둘러 갔다. 복도에 서서 주희를 눈으로 배웅하고 돌아서던 연우는 소스라치게 놀랐다. 앞에 보안관 할머니가 장승처럼 우뚝 서 있었다.

깡마른 몸에 부리부리한 눈을 한 보안관 할머니는 샛별 초등학교의 명물이다. 쥐도 새도 모르게 나타나 어려운 말을 늘어놓는 괴상한 할머니.

"있잖니. 뭐든 좋다고만 해야 하는 친구는 친구가 아니란다."

보안관 할머니는 허리를 조금 숙여 연우에게 눈높이를 맞추며 말했다.

"저는 그런 적 없는데요."

뚱한 얼굴로 연우가 대답했다. 그러면서 속으로 중얼거렸다.

'진짜 참견쟁이 할머니네.'

보안관 할머니는 연우의 속마음을 읽었는지 얼굴을 찡그리며 말했다.

"위험한 짓 하면 안 된다. 5학년이면 어린애가 아닌 거 알지?"

"걱정 마세요!"

크게 외치고 연우는 얼른 교실로 뛰어 들어갔다.

그날 저녁 연우는 프린터에 입력할 마땅한 그림 파일을 찾느라 공유 사이트를 뒤적였다. 대부분 영어로 된 사이트지만 마음에 드는 이미지를 선택해서 다운만 받으면 되니까 어려울 건 없었다.

'흠, 무기로 쓸 만한 건 죄다 총 모양이네. 다 너무 눈에 띄는걸.'

마음에 드는 것이 없어 고민하고 있는데 주희에게서 메시지가 왔다. 다른 아이들과 다 같이 있는 단체창이 아닌 일대일 채팅창이 열렸다.

주희: 어때? 잘돼 가?

연우: 아직 마음에 드는 걸 못 찾았어.

주희: 그럼 이건 어때?

    www.ultra3dprinting.co.tw

연우: 잠깐만. 들어가 볼게.

    우아, 멋지다. 자처럼 보이지만 비비탄을 쏠 수 있게 되어 있네.

주희: 잡지를 펼치니 딱 나오지 뭐야.

연우: 좋아. 이걸로 만들어 줄게. 하나면 되지?

주희: 물론이지. 그럼 내일 봐.

연우: 응. 내일 봐.

'주희는 온라인에서 이야기할 때가 훨씬 친근하구나.'

연우는 함박웃음을 지었다. 주희 친구들과 친해지면서 어쩐지 주희의 마음이 상한 것 같아 걱정했던 자신이 우스워졌다.

혼자 피식거리며 주희가 알려 준 사이트에서 3D 모델링 파일을 다운받았다. 자세히 보니 비슷한 스타일의 총이 더 있었다. 립스틱처럼 보이는 비비탄 총도 있었고, 만년필처럼 보이는 것도 있었다. 가장 마음에 드는 건 반지처럼 보이는 총이었다. 그러나 비비탄을 딱 세 발만 장전할 수 있다는 게 단점이었다.

연우는 그것들을 다 다운받아 놓고 주희가 원하는 자 모양의 비비탄 총 모델링 파일을 컴퓨터 화면에 띄웠다. 부품을 여러 개로 나눠 찍은 뒤 프라모델처럼 조립해야 하는 이미지라 필라멘트가 아닌 레진으로 해야 할 것 같았다.

필라멘트를 사용하면 밑바닥이 고르지 않아 사포로 문질러 다듬어야 하는 데다 살짝 굳은 젤리 상태의 플라스틱을 쌓아 만들기에는 구조가 너무 복잡했다. 분명 어딘가 어그러질 테고 그건 비비탄을 쏠 때 문제가 생길 수 있다는 의미였다. 하지만 레진은 물처럼 분사를 해서 형태를 만들기 때문에 시간은 오래 걸려도 그만큼 이음새가 매끄럽고 정교한 부분까지 제대로 찍어 낼 수 있었다.

'장난감 만들 레진을 이런 곳에 쓴 걸 알면 엄마한테 혼날 거야. 이건 비밀로 해야겠다.'

주희에게 어울릴 것 같은 파란색 레진을 꺼내 들며 연우는 중얼거렸다.

 그리고 며칠 뒤, 연우는 자 모양의 비비탄 총을 주희에게 선물했다. 선물을 받아 들고 테스트를 해 본 주희가 어찌나 좋아하는지 연우는 마치 자신이 선물을 받은 것처럼 기분이 좋았다.

 "너 진짜 굉장하다. 이런 것까지 척척 만들다니!"

 주희는 모두가 들으란 듯이 복도에서 크게 소리쳤다. 주희 친구들이 무슨 일인가 싶어 고개를 빼고 쳐다보는 것이 느껴졌다. 그 시선에 담긴 부러움에 연우는 저도 모르게 주희에게 말했다.

 "반지 모양 총도 꽤 예쁘던데. 그것도 만들어 줄까?"

 "정말? 그래 주면 나야 고맙지."

 헤벌쭉 웃으며 주희가 대답했다. 그렇게 해서 반지 모양 총까지 주희의 손에 들어갔다. 주희는 총 두 개를 다 필통에 넣고 다니다가 기현이가 코딱지 마녀라는 엉뚱한 별명으로 놀리던 날 드디어 반지 모양 총을 꺼내 들었다.

 과학 실습 시간이었다. 아이들은 평소처럼 과학실 테이블에 조별로 앉아 실험을 하고 있었다. 연우는 주희가 실험 과정을 받아 적는 척하면서 등을 돌리고 앉은 기현이를 향해 반지 총으로 비비탄을 쏘는 것을 보았다. 기현이와 같은 테이블에 앉은 친구들은 가운데 놓인 플라스크를 보느라 눈치조차 채지 못했다.

 "앗! 따가워!"

기현이가 앉은 자리에서 펄쩍 뛰었다. 그러더니 등을 어루만지며 벌에 쏘인 게 아닌지 옆에 앉은 아이에게 봐 달라며 울먹였다. 연우는 풋 하고 작게 웃음을 터트렸다. 하지만 다음 순간 연우는 비명을 지르며 일어섰다.

"엄마야!"

쏘인 팔을 어루만지던 연우는 바닥에 구르는 비비탄을 보았다.

'맙소사. 지금 날 쏜 거야?'

연우는 황당해 하며 주희를 바라보았지만 주희는 아무것도 모르는 눈치였다.

"왜 그러니?"

선생님이 돌아서며 물었다.

"뭔가에 쏘여서요."

연우는 얼버무리며 자리에 앉았다.

"선생님, 과학실에 쐐기벌레가 있나 봐요. 저도 쏘였어요!"

기현이가 호들갑을 떨며 말했다.

"쐐기벌레? 그건 날개가 없는데. 벌이 있나? 부었니?"

선생님이 물었다. 기현이는 고개를 저으며 말했다.

"아니요. 하지만 뭔가에 쏘인 건 확실해요."

그러면서 기현이는 연우를 바라보았다. 연우는 가슴이 철렁해 얼른 눈을 내리깔았다. 그러고 있다가 주희가 필통을 뒤적거리며 혼잣

말하는 걸 들었다.

"어머나! 자 모양 총이 사라졌어."

연우는 마른 침을 꿀꺽 삼켰다. 기분 나쁜 예감이 들었다. 그리고 다음 날 그 예감은 현실이 되었다.

주희는 다시금 수업 시간에 기현이를 공격하기 시작했다. 연우는 자리가 주희보다 앞이라 계속 주희를 보고 있을 수는 없었다. 그래서 다시 비비탄이 자신에게 날아들었을 때는 진짜 깜짝 놀랐다.
'앗, 따가워!'

연우는 선생님에게 들킬까 봐 소리도 못 지르고 쏘인 팔을 비볐다. 교실을 둘러봤지만 수상한 낌새는 없었다. 기현이가 움찔 놀란 표정을 지었지만, 그건 그냥 눈이 마주쳐서 그런 것 같았다.

'그래, 다른 사람은 몰라도 기현이가 나한테 이런 장난을 칠 리 없지. 기분 나쁜 게 있다면 대놓고 말할 애니까.'

속으로 중얼거리며 다시 필기를 하려는데 이번에는 아까와 다른 방향에서 비비탄이 날아왔다. 등을 쏘인 연우는 두리번거렸지만 역시 눈에 띄는 아이는 없었다. 연우는 불안해졌다.

'내가 뭘 어쨌다고 공격하는 거지?'

식은땀이 나는 걸 느끼며 연우는 입술을 깨물었다. 연우는 끙 하고 앓는 소리를 내며 다시 앞을 보았다. 그 순간 다시 비비탄이 연달아 두 번이나 날아왔다. 연우는 소리도 못 지르고 당하는 수밖에 없었다.

방과 후, 연우는 비비탄에 맞아 빨갛게 된 팔뚝과 종아리를 보면서 등에도 이런 자국이 생겼겠다 싶어 울고 싶었다.

'난 누구를 괴롭힌 적도 없는데. 잠깐, 그러고 보니 참견쟁이 보안관 할머니가 위험한 짓 하지 말라고 했는데. 혹시?'

보안관 할머니가 몰래 뒷문을 열고 자신을 공격한 건 아닌가 싶었지만 증거는 없었다. 그러다 불쑥 드론 탐정 이야기가 떠올랐다. 드론 탐정이라면 이 억울함을 풀어 줄 것 같았다. 연우는 그 길로 득

달같이 학교 연못으로 달려온 것이다.

"제 이야기는 이게 다예요. 범인을 잡을 수 있을까요?"

빠르게 말을 늘어놓은 탓에 연우는 숨을 몰아쉬었다. 연못 뒤 담장에 앉아 있던 드론 탐정이 위로 떠오르며 말했다.

"좋아. 일단 교실로 가 보도록 하지."

5학년 2반 교실은 텅 비어 있었다. 오늘은 방과 후 수업이 없는 날이라 다들 집으로 간 모양이었다. 연우는 드론 탐정이 묻는 대로 어느 방향에서 비비탄이 날아왔는지 알려 주었다.

"비비탄이라 해도 총알은 총알이야. 언제나 직선으로 움직이지. 그리고 저 벽면. 어디 보자. 비비탄이 세게 부딪쳤다가 튕겨나간 자국이 있어. 그것도 여러 번. 미리 연습을 한 게 분명해. 당구의 원리를 이용하다니 상당히 영리한 아이로군."

드론 탐정은 교실을 이리저리 오가며 중얼거리더니 이내 멈춰 서며 말했다.

"범인은 바로 이 자리에 앉은 아이야."

"말도 안 돼요! 거기는 주희 자리라고요!"

"모든 사건에는 원인이 있기 마련이지. 어디 보자. 그래, 이거로군. 지금 자네에게 주희의 인스타그램 주소를 메시지로 보냈네. 확인해 보도록."

연우는 스마트폰 메시지를 확인했다. 인스타그램 사진과 글은 친한 친구만 볼 수 있도록 설정되어 있을 텐데, 드론 탐정이 뭔가 손을 썼는지 모두 볼 수 있었다. 사진이 많았는데 그중에는 연우가 선물한 나비 핀을 꽂고 찍은 사진도 있었다. 문제는 그 사진 밑에 달린 글이었다.

이 핀 가지고 싶은 사람? 이거 볼 때마다 엄마가 누구랑 비교해서 정말 짜증나.

연우는 가슴이 철렁했다. 속이 울렁거리는 걸 애써 참으며 이번에는 총을 찍은 사진을 클릭해 보았다. 그러자 이런 글이 떴다.

짜증나는 애가 준 선물. 이거 가지고 골려 줄 거니까 아무도 끼어들지 마! 끼어든 사람이랑은 절교할 거야.

연우는 어지러워서 자리에 털썩 주저앉았다. 어쩐지 요즘 주희와 단짝인 아이들이 어색하게 대한다 싶었는데 주희의 경고 때문이었다니, 정말 상상도 못 했다.
"진짜 너무해. 친하게 굴 때는 언제고 몰래 귀띔이라도 해 주지."
"한연우, 애초에 이건 주희를 괴롭히는 사람을 쏘라고 만들어 준

거 아니었나. 단지 그 대상이 자신일 줄 몰랐던 것뿐이지."

드론 탐정의 의미심장한 목소리에 연우는 입을 떡 벌렸다. 그렇지 않아도 억울한데 오히려 자신을 탓하다니! 하지만 대답할 말을 찾을 수 없었다. 머릿속에서 뿌옇게 먼지가 일었다.

'아, 이제 어쩌면 좋지?'

쉬운 과학 이야기 ②

 프랑켄슈타인의 딜레마

나는 지금 무엇을 만들고 있는가?

3D 프린터는 전설 속에 나오는 신통방통 요술 주머니와 비슷해요. 어떤 재료를 쓰느냐, 어떤 이미지를 입력하느냐에 따라 장난감이나 비행기, 최근에는 정말 먹을 수 있는 음식까지 만들 수 있어요. 그야말로 뭐든지 만들 수 있기 때문에 상상을 초월하는 새로운 시도가 계속해서 이어지고 있습니다.

누구나 쉽게 다룰 수 있기 때문에 앞으로 20년 내에 3D 프린터는 냉장고 같은 가전제품처럼 자리 잡게 될 거예요. 만약 그렇게 된다면 배가 고프면 음식을 조리하거나 사는 게 아니라 3D 프린터를 이용해 음식을 만들면 돼요. 옷이 필요하면 3D 프린터로 마음에 드는 옷을 만들면 되고요. 버튼 하나로 이 모든 게 손쉽게 가능해질 거예요.

그러나 동시에 위험한 물건을 만드는 일도 점점 쉬워질 거예요. 이미 이런 미래를 보여 주는 사건이 일본에서 있었어요. 평범한 회사원이 3D 프린터를 이용해 쉽게 권총 두 자루를 만들어 자랑하다가 경찰에 구속된 사건이었어요.

이 때문에 3D 프린터 개발을 반대하는 사람도 많아요. 물론 새로운 과학 기술이 등장할 때마다 이런 고민은 항상 생겨요. 20세기 초에도 사람들은 지금과 똑같은 고민을 했어요.

19세기 말에 쓰인 《닥터 프랑켄슈타인》이라는 소설을 예로 들어 볼게요. 그 소설 속 프랑켄슈타인 박사는 호기심으로 시체를 이어 붙여 생명을 불어넣는 데 성공해요. 그렇게 탄생한 생명체는 처음에는 착하고 온순했지만 점점 괴물로 변해요. 그 이유가 뭘까요? 괴물은 이렇게 대답했어요.

"내 조물주인 당신이 나를 증오하는데 하물며 내게 아무것도 빚진 바 없는 당신의 동포들은 어떻겠는가?"

자신을 흉측하게 만든 건 당신이면서 왜 자신을 미워하냐고 따져 묻는 괴물의 절규를 프랑켄슈타인 박사는 이해하지 못했어요. 이 문제는 이야기 속에서 연우가 부딪힌 문제와 똑같다고 할 수 있어요. 여러분이라면 이 질문에 어떻게 답할 것 같나요? 해결 고리를 찾기 위해 차근차근 이야기를 짚어 볼까요?

연우는 주희와 친구가 되고 싶어 했어요. 물론 인기가 많고 예쁜 친구와 친하게 지내고 싶은 건 조금도 잘못된 일이 아니에요. 그래서 연우는 줄 수 있을지 없을지도 모르면서 주희를 위해 생일 선물까지 만들었고, 운 좋게 주희와 친해져요.

연우에게는 3D 프린터가 친구와의 관계를 이어 주는 마법 같은 힘을 발휘한 거예요. 그랬기 때문에 연우는 주희와 소원해지자 3D 프린터로 다시 환심을 사려고 했어요. 주희는 그런 연우의 생각을 알고 이용했고요. 그래서 주희는 연우에게 기현이를 골려 주겠다는 핑계로 '비비탄 총'을 만들어 달라고 한 거예요.

바로 이 지점에서 신기술로 인해 우리가 흔히 겪는 첫 번째 문제가 드러나요. 바로 시간과 공을 들이는 인간적인 방법보다 신기술을 이용해 간단하고 편하게 문제를 해결하려는 선택이지요.

만약 연우가 주희와 친해지기 위해 주희와 개인적으로 통할 만한 게 뭔지 조사해 봤다거나 주희와 따로 이야기 나눌 시간을 만들려고 애써 봤다면 어땠을까요?

신기술에 빠진 사람들이 흔히 하는 실수가 그 물건이 사람의 눈을 사로잡을 수는 있지만 마음을 사로잡지는 못한다는 점을 잊는 거예요. 만약 연우가 이 점을 기억하고 있었다면 자신이 거꾸로 공격을 당하는 일은 막을 수 있었겠지요.

그러나 연우는 신기술로 주희를 단숨에 사로잡고 싶은 마음에 깊은 고민 없이 기현이를 괴롭힐 총을 만들어 줬어요. 그 총을 손에 쥔 주희는 자신을 자꾸 짜증나게 만드는 연우에게 총구를 겨눈 거고요. 결과만 놓고 보면 주희는 나쁜 아이고, 연우는 괴롭힘을 당하는 불쌍한 아이지만 과정을 놓고 봤을 때도 같은 결론을 내릴 수 있을까요?

신기술의 특징은 쓰기 편하고, 상상을 넘어서는 결과물을 만들며, 놀라울 정도로 빠르게 생활 속에 자리 잡는다는 점이에요. 그래서 쓰는 사람들에게 책임감이 요구되지요. 특히 3D 프린터처럼 원하는 건 뭐든 만들어 내는 요술주머니 같은 물건이라면 더욱 그렇답니다. 만약에 연우가 3D 프린터의 출력 단추를 누르기 전에 이런 질문을 해 봤다면 어땠을까요?

"나는 지금 무엇을 만들고 있는가?"

이것은 3D 프린터를 쓰는 모두가 스스로에게 던져야 할 질문이에요. 어린이건 어른이건 그 누구라도요. 만드는 것은 쉽고 간단하지만 만들어 낸 것이 불러올 결과가 어떨지, 그것으로 인해 피해를 입는 사람은 없을지 꼼꼼히 따져 보는 자세야말로 우리가 이 어마어마한 신기술을 받아들이는 마음가짐이 아닐까요?

생각하기 & 토론하기

❶ 3D 프린터로 총을 만든 미국의 대학생을 두고 사람들은 두 편으로 갈라섰어요. 한쪽은 3D 프린터가 불러올 결과가 너무 끔찍하다며 기술을 통제해야 한다고 했고, 다른 쪽에서는 이 일로 사람들이 3D 프린터 기술이 얼마나 굉장한 것인가를 깨닫게 되었다며 찬사를 보냈어요. 연우와 주희의 이야기를 바탕으로 여러분의 생각은 어떤지 고민해 보세요.

❷ 3D 프린터로 무언가를 만들기 전에 우리가 짚어 봐야 할 것에는 무엇이 있을까요? 예를 들어 연우의 엄마는 아기들이 쓰는 장난감임을 고려해 친환경 소재를 이용했지요. 이처럼 우리가 출력 단추를 누르기 전에 생각해 볼 것에는 무엇이 있는지 토론해 보세요.

나는 네가 똥 싼 시간을 알고 있다!

"어? 왜 내가 나오는 거지?"

기현이는 너무 놀라 중얼거렸다. 학교 갈 준비에 바빠 스마트폰을 아무렇게나 집어 들다가 실수로 뭔가를 건드린 모양이었다. 드론 카메라와 연결된 어플이 뜨며 자신의 모습이 보였다.

고개를 갸우뚱하며 어플을 끄려고 보니 촬영 중이라는 표시가 보였다. 반사적으로 책꽂이에 올려 둔 드론을 바라봤다. 드론에 달린 카메라 위쪽에도 빨간 촬영 표시등이 들어와 있었다.

'분명 전원을 껐는데 왜 제멋대로 켜진 거지?'

기현이는 어리둥절해 하며 촬영을 종료시켰다. 그러다 방금 전까지 촬영된 영상이 전송 중임을 알게 되었다. 뭔가 이상해서 확인해 보니 모르는 아이피 주소가 찍혀 있었다. 전송 시간은 그저께 저녁부터였다.

심장이 곤두박질쳤다. 토할 것 같은 기분에 머리를 쥐어뜯었다.

"으악, 어떡해!"

어제까지 휴일이라 기현이는 집에서 아주 편하게 지냈다. 방에서 방귀도 뀌고, 코도 후비고, 만화책을 읽다가 침을 질질 흘리며 잠들기도 했다. 그런 모습을 누군가 몰래 보고 있었다고 생각하니 심장이 목구멍 밖으로 튀어나올 것 같았다.

'엄마한테 당장 말해야겠어. 누가 이런 짓을 했는지 밝혀내야 해.'

기현이는 벌떡 일어서서 방을 나서려다 우뚝 멈춰 섰다. 띠링, 경쾌한 소리와 함께 메시지가 날아왔다. 아침부터 웬 메시지인가 싶어 확인해 보고는 소름이 돋았다.

고자질하고 열만 세. 그런 뒤 유튜브에 접속해서 네 이름을 쳐 봐.

"맙소사."

기현이는 너무 무서워서 손톱을 물어뜯다가 학교에 소문이 파다한 드론 탐정을 떠올렸다.

'어른들에게 말하기 힘든 일도 척척 해결해 준다고 했지. 그래, 그랬어. 앞집 사는 연우도 드론 탐정의 도움을 받았다고 했고. 단둘이

만나 의뢰를 받는다고 했으니까 아무도 모르게 도움을 받을 수 있을 거야.'

기현이는 마음을 굳히고 책상 위에 놓인 드론을 바라봤다. 세상에서 가장 소중한 보물이었는데 이제는 겁이 났다. 드론 배에 달린 카메라가 섬뜩하게 느껴졌다.

'지금도 날 지켜보고 있을지 몰라.'

기현이는 5학년이 되어 처음으로 드론을 둔 채 방을 나섰다.

그날 하루는 수업 시간이 무척 길었다. 방과 후까지 기다리기가 그토록 힘들 줄 몰랐다. 그래도 참고 또 참은 끝에 드디어 수업이 끝났다.

기현이는 쏜살같이 뒤뜰 연못으로 달려갔다. 연못가에 서서 온 힘을 다해 주먹까지 꽉 쥐고 외쳤다.

"오! 하나, 둘, 셋! 도와줘!"

그 순간 뒤통수가 시원해지나 싶더니 거의 무음에 가까운 프로펠러 소리가 들렸다. 돌아보니 용 모양 옷을 입은 마이크로 드론이 떠 있었다.

"우아, 최신형 드론이네! 짱 멋지다!"

찬사에도 아랑곳없이 드론 탐정은 공중에 정지한 채 기현이에게 카메라 초점을 맞추고 담담한 목소리로 물었다.

"의뢰 내용은?"

기현이는 그제야 표정을 굳히며 말했다.

"저는 협박을 받고 있어요. 범인도 알지만 어떻게 한 건지 모르겠어요."

"밑도 끝도 없군. 좀 더 자세히 말해 주게. 일단 자네 소개부터 하는 게 어떨까?"

"헉, 저를 모르세요?"

"모르네."

"그럴 수가! 저는 이 학교 어린이 보안관이에요!"

"그렇군."

시큰둥한 반응에 기현이는 기분이 팍 상했다. 아무래도 처음부터 이야기해야 할 것 같았다.

"세 달 전이네요, 벌써. 드론으로 도둑을 잡은 것이."

기현이의 머릿속에 마치 영화처럼 그날이 생생하게 떠올랐다.

"김기현! 학원!"

담장 너머 창문에서 엄마 목소리가 쩌렁쩌렁 울려 퍼졌다. 기현이는 진땀을 흘리며 드론 조종기를 쥔 엄지를 살살 돌렸다. 직접 만든 VR 고글에 장착한 스마트폰 화면을 통해 목표 지점이 바로 코앞에 보였다.

'할 수 있어. 할 수 있어. 살살 내려앉으면 돼. 아주 살살.'

하지만 오늘도 실패였다. 공터 정글짐 위에 사뿐히 내려앉히려던 드론은 아주 작은 차이로 미끄러져 아래로 추락했다.

기현이는 행여 망가질세라 잽싸게 조종기를 움직여 다시 드론을 띄웠다. 날렵하게 솟구치는 모습이 참 근사했지만 그게 다라는 사실이 슬펐다. 드론 대회에 나가려면 이 정도는 우습게 해야 하는데 마음먹은 대로 되지 않았다.

'딱 한 번만 더 해 보자.'

이를 악물며 조종기를 어루만졌다.

"김기현!"

참다못한 엄마가 창밖으로 고개를 내밀었다.

"에잇. 알았어. 알았다고! 간다고!"

기현이는 마지못해 드론을 착륙시키고 쓰고 있던 고글을 벗었다. 이럴 때면 집이 공터 옆인 게 너무 싫었다.

'하다못해 창문이라도 없었으면 얼마나 좋아!'

기현이는 한숨을 내쉬며 옆에 팽개쳐 둔 학원 가방을 집어 들었다. 가방에 막 조종기를 집어넣으려는데 갑자기 외마디 비명이 들려왔다.

"도둑이야! 도둑 잡아라!"

그와 동시에 험상궂게 생긴 아저씨가 공터 앞 도로를 날듯이 지나갔다. 그 뒤를 금은방 아줌마가 헉헉대며 쫓아갔다. 그러다 힘에 부쳤는지 비틀거리며 바닥에 주저앉았다.

"내 저 도둑놈을!"

아줌마는 화를 내며 휴대 전화를 꺼냈다. 경찰에 신고를 하려는 모양이었다. 그 사이 도둑은 부리나케 달아나 버렸다.

'아, 어쩌지?'

멍하니 아줌마를 바라보던 기현이는 저도 모르게 드론 조종기를 꺼냈다. 그리고 잽싸게 VR 고글을 썼다.

기현이의 조종 솜씨에 순식간에 하늘로 날아오른 드론은 금세 도망치는 도둑을 따라잡았다. 도둑은 머리 위에서 드론이 쫓고 있는 줄도 모르고 뜀박질을 멈췄다. 그러더니 바쁘게 오가는 사람들 틈에 섞여 아무 일도 없었다는 듯 천천히 걷기 시작했다.

"우아, 도둑인 줄 정말 모르겠다."

놀라며 중얼거리고 있는데 코앞에서 사이렌 소리가 들렸다.

고글을 들어 올리고 확인하니 경찰이 금은방 아줌마에게 뭔가를 받아 적고 있었다. 기현이는 고글을 벗고 잽싸게 달려갔다.

"저기요. 그 도둑이요, 지금 막 이 앞 사거리를 건너서 버스 정류장으로 가고 있는데요."

경찰은 어리둥절한 표정을 지었지만, 기현이가 VR 고글에서 스마트폰을 분리해 드론이 지금 찍고 있는 영상을 보여 주자 감탄사를 터뜨렸다.

"재주가 좋구나! 내가 가서 이 아주머니 전화로 전화를 걸 테니 도둑이 어디 있는지 알려 다오."

그러고는 쏜살같이 뛰어가 버렸다.

기현이는 다시 고글을 쓰고 드론을 조종해 도둑의 뒤를 쫓았다. 그 짧은 사이 도둑은 버스를 타려고 줄을 섰고, 몇 분 지나지 않아 버스가 도착했다.

'앗, 안 되는데. 아직 경찰 아저씨가 오려면 멀었는데.'

하지만 버스에 타는 사람의 줄은 빠르게 줄어 곧 도둑 차례였다. 마음이 조급해진 기현이는 드론을 도둑에게 접근시켰다.

'그냥 겁만 주는 정도니까 괜찮을 거야.'

도둑은 난데없는 프로펠러 소리에 두리번거리다가 달려드는 드론을 보고 놀라 엉덩방아를 찧었다. 작긴 해도 위협적으로 돌아가는 프로펠러에 겁을 먹는 게 당연했다. 그와 동시에 경찰이 나타나 도둑에게 수갑을 채웠다.

"아싸! 잡았다!"

기현이는 너무 좋아서 만세를 불렀다.

그리고 2주일 뒤, 샛별 초등학교는 온통 기현이 이야기로 왁자지

껄했다. 심지어 인터넷 신문에 '드론으로 도둑을 잡다!'라는 제목으로 사진과 기사까지 실렸다. 기현이는 활약을 보여 준 드론을 들고 어색하게 웃어 보이는 자신이 무척이나 자랑스러웠다.

그뿐 아니었다. 전교생이 보는 앞에서 표창장까지 받았다. 경찰서에서 준 상이었는데 상장에는 어린이 보안관이라는 멋진 직책까지 달려 있었다.

"그래, 네가 이제부터 내 보좌관이로구나. 그렇지?"

보안관 할머니는 시상식을 끝내고 나오는 기현이에게 다짜고짜 이렇게 말했다. 기현이는 씩 웃었다. 여전히 아이들은 깨비 망구라며 할머니를 놀리기 바빴지만 기현이는 지난해 할머니가 드론 날개를 공짜로 고치게 도와준 뒤 할머니가 다르게 보였다.

"우리는 멋진 팀이 될 거예요."

기현이의 너스레에 보안관 할머니는 눈을 끔뻑거리다가 말했다.

"뭔가 꿍꿍이가 있는 말투구나."

"에이, 꿍꿍이라니요. 이제부터 방과 후 한 시간은 쉬셔도 돼요. 제가 드론으로 학교를 지키기로 했거든요."

"드론으로 학교를 지킨다고?"

"교장 선생님이 허락하셨어요."

"그것 참. 솔직히 난 네가 도둑을 잡은 상황을 듣고 무척 놀랐다. 드론 프로펠러가 얼마나 위험한지는 알고 있지? 그걸 학교 주변에서 날리겠다니 걱정이구나.”

"아이참, 할머니! 그 정도는 저도 알거든요! 도심을 날리려면 항공청에서 허가를 받아야 한다는 것도 알고요. 그래서 주말에는 허가된 공원에서만 날렸고 평일에는 저희 집 앞마당이나 다름없는 공터에서 잠깐씩 날리는 게 다였다고요."

"그렇다면 이건 아니? 드론에 달린 카메라와 조종기 사이에 신호가 오가는 데 2~3초가 걸린다는 거."

"그것도 알거든요! 그래서 미처 장애물을 못 보고 부딪혀 추락할 수 있다는 것도요. 학교에서 아이들 근처로는 안 가요. 그냥 학교 담장 안쪽만 돌고 빈 복도만 순찰할 거예요. 그러니까, 네?"

기현이의 말에 보안관 할머니는 딱딱하게 굳었던 표정을 풀고 조용히 말했다.

"좋다. 맡겨 보도록 하지. 단, 우리 학교 위로 의료용 헬기가 지나가기도 하니까 드론을 너무 높이 띄우지 마라."

"네! 높이 띄우는 건 강당에서만 할게요."

기현이는 너무 좋아서 운동장이 떠나갈 듯 우렁찬 목소리로 대답했다.

텅 빈 교실, 텅 빈 강당, 텅 빈 복도. 지루하기 짝이 없던 학교가 이제 방과 후 수업이 있는 1층을 제외하고는 기현이의 단독 연습장이 되었다.

매일같이 기현이는 드론이 되어 쏜살같이 날고 또 날았다. 하루에 딱 한 시간뿐이지만 아무에게도 방해받지 않고 최대 속력을 낼 수 있다는 건 귀중한 경험이었다.

'이대로라면 내년에 드론 경기에 나갈 수도 있겠어.'

꿈에 그리던 경기에 출전할 생각을 하니 왠지 좀 더 연습을 해야 할 것 같았다.

'학교 담장을 따라 돌아 볼까. 화단에 나무가 많으니까 난이도가 꽤 높을 거야.'

아직 방과 후 수업이 진행될 시간이라 기현이는 조심스럽게 드론을 학교 담장 안쪽으로 이동시켰다. 그러고는 눈에 들어온 광경에 푸하하 웃음을 터트렸다.

같은 반 주희가 창가에 서 있었다. 뒤에서 보면 생각에 잠겨 있는 것처럼 보이지만, 드론이 있는 방향에서 보면 코를 파는 게 훤히 보였다. 뭐가 깊숙이 들어갔는지 손가락 두 마디가 콧속으로 쑥 들어갔다.

"우웩!"

주희는 얼굴까지 찌푸리며 코를 인정사정없이 후벼 안에 든 뭔가를 꺼냈다.

"아, 더러워."

기현이는 얼굴을 찡그렸다. 그러다 주희가 고개를 돌리려 해서 얼른 드론을 상승시켰다. 기현이 드론에 달린 카메라는 멀리서도 선명하게 영상을 잡기 때문에 굳이 가까이 다가갈 필요가 없었다.

'우리 학교 남자애들 대부분이 주희랑 사귀고 싶어 하는데, 이런 장면을 보면 어떨까?'

생각만 해도 우스워서 기현이는 고글을 벗고 녹화 버튼을 눌렀다. 그러고는 다시 고글을 쓰고 드론을 선회시키며 여러 각도에서 주희를 촬영했다.

이윽고 코를 다 판 주희가 돌아섰다. 기현이가 킥킥대며 녹화를 정지하려는 순간이었다. 만화에서 튀어나온 듯 통통한 남자애가 허둥지둥 뛰어가는 모습이 보였다. 아이 뒤로는 조리실이 보였다. 아무래도 방과 후 요리 수업 중에 뛰쳐나온 모양이었다.

'왜 저러지?'

의아해 하며 그 애를 따라 드론을 이동시켰다.

보드라운 밀가루 반죽 같은 하얀 얼굴 위로 땀이 흥건했다. 아무래도 화장실이 급한 모양이었다. 배를 움켜쥐며 끙끙 앓는 걸 보니 확실했다. 기현이는 쯧쯧 혀를 찼다.

'학교에서 똥을 쌌다가는 웃음거리가 될 텐데.'

그 아이는 화장실이 있는 모퉁이로 전력 질주하고 있었다. 그런데 모퉁이 반대편에서 보안관 할머니가 책이 잔뜩 든 상자를 들고 오는 모습이 보였다.

"으아. 안 되는데……."

기현이는 마른 침을 꿀꺽 삼켰다. 아니나 다를까 그 애와 보안관

할머니는 정면으로 충돌했다. 그 아이는 뒤로 벌러덩 넘어졌고, 할머니가 들고 있던 상자가 앞으로 넘어지면서 안에 든 책이 그 아이 배 위로 떨어졌다.

"으아아악!"

그 아이의 비명이 기현이가 선 곳까지 들렸다.

잠시 후, 기현이는 보안관 할머니가 코를 틀어막고 주춤주춤 뒤로 물러서는 것을 보았다. 그 아이는 울상을 지으며 일어나려고 애를 썼다. 하지만 바지에 싼 것을 뭉개지 않으려고 그러는지 거북이가 뒤집힌 것처럼 버둥대기만 했다.

"푸하하하하."

기현이는 웃음을 터트렸다. 미친 듯이 웃고 있는데, 보안관 할머니가 그 아이 손을 잡고 일으켜 세우는 것이 보였다. 마구 울어 대는 아이를 끌고 할머니는 모퉁이 너머로 사라졌다. 기현이는 그제야 끅끅 웃음을 삼키며 동영상 녹화 버튼을 껐다.

"하아, 하아. 이렇게 웃어 본 건 처음인 것 같네."

기현이는 너무 웃어 아픈 배를 문지르며 혼잣말을 했다. 그러다 유튜브에 올리면 순식간에 조회 수가 십만을 훌쩍 넘길 것 같은 엄청난 장면을 찍었다는 생각이 들었다. 하지만 이내 고개를 저었다.

'안 되지. 안 돼. 난 우리 학교 어린이 보안관이야. 그런 짓을 해서는 절대 안 되지.'

그렇다고 이 재미있는 걸 혼자만 보기는 아쉬웠다. 반에서 친하게 지내는 친구 두어 명에게는 몰래 보여 줘도 될 것 같았다. 물론 비밀을 지킨다는 약속을 받고서.

"너희, 내가 굉장한 거 보여 줄까?"

다음 날 점심시간, 기현이는 친하게 지내는 남자애들을 불러 뒤뜰로 갔다. 벽을 보고 놓인 벤치는 화단으로 둘러싸여 있어서 비밀 이야기를 나누기에 딱이었다.

"뭔데? 뭔데?"

친구들은 아주 신나서 동영상을 봤고, 기현이만큼이나 배꼽을 잡고 웃었다.

"진짜 끝내주는 걸 찍었는데!"

기현이는 기대하던 말까지 들었다.

그날 이후, 기현이는 순찰 중간중간 재미난 장면을 찍기 위해 애썼다. 처음에는 눈에 띄면 녹화를 했지만, 두어 번 재미있는 순간을 놓치고 난 뒤부터는 아예 한 시간 내내 녹화를 했다. 녹화 뒤에는 간단한 어플로 편집을 해서 더욱 재미있게 만들었다.

깐깐하기로 소문난 교감 선생님은 알고 봤더니 몰래 방귀 뀌기 챔피언이었고, 뀌고 남에게 뒤집어씌우는 것도 챔피언이었다. 그 외에도 재미난 사람은 많았지만 최고는 강주희였다. 주희는 툭하면 남몰래 코를 팠고, 한번은 연우의 책가방에 묻혀 놓기도 했다.

"우웩!"

또다시 점심시간, 배로 불어난 친구들은 주희가 찍힌 장면을 보며 다 같이 혀를 내둘렀다.

기현이는 어쩐지 뿌듯했다. 몹쓸 행동을 한 주희에게 자신이 벌을 주는 기분이었다. 본 것을 절대 다른 사람에게 말하지 않기로 약속했기 때문에 주희에게 대놓고 뭐라고 할 수는 없었다. 하지만 본 애들끼리는 주희를 코딱지 마녀라고 부르며 비웃었다. 그것만으로도 충분했다.

"찍는 김에 김준서도 좀 찍어 봐. 그 녀석도 분명 뭔가 수상한 데가 있을 거야."

실실대고 있는 기현이에게 한 친구가 말했다.

"김준서가 누구야?"

기현이가 물었다. 그러자 다른 친구가 말했다.

"날개 무늬 파란 후드티 입고 다니는 1반 남자애. 너도 그 옷 보고 사고 싶다고 그랬잖아."

"아하!"

그제야 기현이는 화장실 가는 복도에서 우연히 마주쳤던 아이가 떠올랐다. 중학생이 아닐까 싶을 정도로 키가 크고 덩치도 큰 남자애였다. 그래서인지 오가던 여자애들이 다 그 애를 흠모하는 눈으로 바라보는 것 같았다. 심지어 연우조차도.

"좋아. 추적해 볼게. 매의 눈으로 녀석을 낱낱이 밝혀 보겠어."

기현이의 다짐에 친구들이 박수를 치며 환호했다.

그날 이후 기현이는 김준서가 방과 후 학교 컴퓨터실에서 두 시간씩 머문다는 걸 알아냈다. 다행이었다. 딱 한 시간만 허락된 순찰 시간 동안 김준서가 뭘 하는지 몰래 찍을 수 있었으니까.

하지만 별 다른 건 없었다. 김준서는 매일 컴퓨터실에서 열심히 숙제를 할 뿐이었고 가끔 몰래 게임을 하기는 했지만 잠시였다. 그런데 학교 컴퓨터는 게임을 못 하도록 막아 놨기 때문에 게임을 한다는 사실이 무척 놀라웠다.

'짱 멋지잖아!'

친구들에게 이 장면을 보여 줬다가는 뭔가 수상하다며 난리가 날 거다. 그래서 그냥 넘어가기로 했다. 그렇게 참고 또 참으며 몰래 촬영을 계속하던 어느 날, 기현이는 김준서가 씩씩거리며 뒤뜰로 뛰어나가 꽃을 마구 뽑는 장면을 녹화했다.

"아싸!"

기현이는 신이 나서 보안관 할머니에게 달려갔다. 할머니와 함께 뒤뜰로 가서 김준서를 잡아 야단맞는 장면까지 찍고 싶었다. 하지만 할머니가 자리에 없었다.

'어딜 가셨지? 뭐, 상관없어. 내일 아침에 엉망이 된 화단을 보고 대소동이 났을 때 내가 찍은 걸 보이면 되니까.'

그러나 다음 날 아침, 믿을 수 없게도 화단은 원래대로 돌아가 있었다. 등굣길에 화단을 본 기현이는 황당해서 보안관 할머니에게 달려갔다.

"어제저녁에 어디 가셨었어요? 제가 나쁜 놈을 딱 잡은 참이었는데요."

그러면서 기현이가 건넨 동영상을 본 보안관 할머니는 표정이 어두워졌다.

"순찰을 하라고 했더니 촬영을 하는 거니?"

다그치는 목소리에 기현이는 움찔 놀랐지만 아닌 척 도리어 목소리를 높였다.

"찍어야 자기가 안 했다고 잡아떼지 못하죠."

"너에게 허락한 건 분명 한 시간 동안의 순찰이야. 촬영은 다른 이야기야. 그건 찍히는 사람들에게 공식적으로 허가를 받아야 해. 그걸 초상권이라고 하지. 넌 법을 어긴 거야."

"그 정도는 저도 알거든요. 그래서 유튜브에 올리고 싶은 것도 꾹 참았다고요."

"아니, 기현아. 처음부터 네 멋대로 촬영을 한 게 문제야. 넌 보안관 자격을 잃을 행동을 했어. 사과를 하는 대신 보안관 일을 그만두는 게 좋겠다."

"싫어요! 저를 이 자리에 임명한 건 교장 선생님이에요. 할머니가 아니라고요! 같은 보안관이면서 자꾸 이래라저래라 하지 마세요."

기현이가 주먹까지 그러쥐며 화를 내자 보안관 할머니는 얼굴을 찡그리더니 휙 돌아섰다. 남겨진 기현이는 화가 났다.

'나쁜 짓을 한 건 김준서인데 왜 내가 혼나야 돼?'

그날부터 기현이는 김준서를 찍는 데에만 몰두했다. 드론을 컴퓨터실 창가 근처에 정지하듯 세워 놓고 내내 찍었다.

'뭐든 걸리면 바로 교무실로 달려가야지. 교장 선생님은 분명 칭찬해 주실 거야.'

그러나 아쉽게도 김준서는 평소와 같았다. 화단 사건 따위는 까맣게 잊은 듯했다. 그러기를 며칠, 그날도 시간이 다 되어 기현이는 드론을 불러들이려 했다.

"어라? 저 녀석 뭐 하는 거지?"

막 드론의 방향을 틀려는데 김준서가 창가로 다가와 위를 올려다 보는 모습이 카메라에 잡혔다. 다시 방향을 틀어 카메라를 김준서 쪽으로 돌리니 김준서가 손에 꽁치캔 같은 걸 들고 있는 게 보였다. 김준서는 드론을 향해 캔을 겨눴다.

"설마 저걸 던져서 드론을 맞히려는 건 아니겠지?"

숨이 턱 막혔다. 행여나 맞았다가는 낭패다. 기현이는 잽싸게 드론을 상승시켰다. 기현이는 김준서가 보이지 않을 만큼 멀어지고 나서야 겨우 안도의 한숨을 내쉬었다. 그날은 금요일이었기 때문에 더더욱 안심이 되었다.

'주말에 연우에게 부탁해서 3D 프린터로 드론에 입힐 새로운 코스튬을 만들어 달라고 해야겠다. 모습을 바꾸면 김준서도 못 알아보겠지.'

그렇게 다짐을 하며 드론을 챙겨 황급히 집으로 돌아왔다.

하지만 그 이틀 내내 기현이는 도둑 촬영을 당했다. 심지어 협박까지 당했다. 기현이가 살 길은 이제 하나뿐이었다. 드론 탐정이 이 사건을 해결해 주는 것!

"그러므로 범인은 김준서예요. 어떻게 한 건지는 모르겠지만 분명해요."

기현이는 씩씩대며 이야기를 마쳤다.

"캔 같은 걸 겨눴다고 했지? 그걸 찍은 동영상을 가지고 있나?"

드론 탐정이 물었다.

기현이는 황급히 스마트폰을 꺼내 그날 촬영한 영상을 드론 탐정에게 보여 주었다. 용 모양의 마이크로 드론이 가까이 다가와 화면에 초점을 맞췄다.

"캔테나로군."

드론 탐정이 말했다.

"네? 그게 뭐예요?"

기현이가 물었다. 그 사이 동영상이 끝나 기현이는 스마트폰을 껐다. 그러자 드론 탐정이 말을 이었다.

"캔으로 만든 안테나라는 뜻이라네. 겨냥한 물체의 무선 신호를 가로채는 데 쓰이지. 좀비 드론을 만들 때도 사용된다네."

"좀비 드론이요? 좀비 PC는 들어 봤지만."

"같은 의미일세. 어플을 체크해 보면 그동안 드론과 연결할 때 쓰던 아이피 주소가 바뀐 것을 확인할 수 있을 걸세. 좀비 PC를 만들 때 하는 것처럼 중간에 몰래 끼어들어 자네 모르게 드론을 마음대로 움직일 수 있는 권한을 얻은 거지."

"맙소사. 그 도둑놈이 감히 내 드론을 훔쳤다고요! 가만두지 않겠어요!"

기현이는 부들부들 떨며 소리쳤다. 하지만 드론 탐정은 맞장구를 치는 대신 이렇게 물었다.

"기분이 어땠지?"

기현이는 꽉 쥔 주먹을 풀며 어리둥절한 표정을 지었다. 그러자 드론 탐정이 말을 이었다.

"자네는 내내 김준서를 엿봤지. 그뿐 아니라 이 학교 선생님들과 아이들을 엿봤어. 반대로 본인이 촬영을 당하니 기분이 어떻던가?"

"전, 전 그들을 지키기 위해 그런 거예요!"

"아니, 자네는 엿본 거네. 지킨 게 아니야. 그 차이는 어린이 보안관이라는 지위가 만들어 주는 게 아니네. 그 자리를 줬다고 해서 엿

볼 권리를 준 게 아니란 말일세."

드론 탐정의 단호한 목소리에 기현이는 얼굴을 찡그렸다. 어째 드론 탐정은 보안관 할머니와 똑같은 말을 했다. 하지만 전과 달리 화를 낼 수가 없었다. 막상 당하고 보니 진짜 기분이 나빴다.

'칫. 난 그냥 김준서가 나쁜 놈이라는 걸 증명하고 싶었을 뿐인데. 왜 이렇게 되어 버린 거지?'

기현이는 머리를 쥐어뜯으며 울상을 지었다.

쉬운 과학 이야기 ③

양날의 검, 드론

지키는 자인가? 엿보는 자인가?

요즘 우리는 주변에서 심심치 않게 드론을 날리며 노는 친구들을 볼 수 있어요. 무선 기술로 조종하는 무인 항공기인 드론은 재미난 장난감으로 자리 잡았고, 심지어 드론 레이싱이라는 스포츠 경기까지 생겼어요. 생긴 지 얼마 안 된 경기임에도 불구하고 기현이처럼 많은 어린이들의 꿈 목록에 '드론 레이서'라는 직업이 올라와 있을 정도로 인기예요.

드론 레이싱에는 드론의 기술 발전을 위해 사람이 전혀 개입하지 않는 '자동 주행 드론 경주 대회'가 있고, 조종하는 사람이 VR 고글을 쓰고 드론에 타고 있는 것처럼 1인칭 시점에서 치루는 경기도 있으며, 실내에서 열리는 미니 드론 경주도 있어요.

이렇게 우리에게 친숙해진 드론이 그저 장난감이 아니라 세상 곳곳에서 다양한 용도로 쓰이고 있다는 걸 알고 있나요? 뉴욕에서는 해마다 드론으로 찍은 영화 상영 페스티벌이 열리고, 세계 각국의 새로운 발명품을 겨루는 국제 엑스포에는 드론 택시가 등장하기도 했어요. 드론을 구조용 헬기 대신 투입하는 나라도 있어요.

하지만 뭐니 뭐니 해도 가장 빠르게 우리 생활에 변화를 가져올 것은 바로 물류 배송용 드론이에요. 2016년 12월 7일, 거대 온라인 상점인 아마존이 차제 개발한 '프라임에어'라는 드론으로 택배 배달에 성공하면서 세계는 새로운 시대의 개막을 기대하고 있어요. 편하고 빠른 걸 좋아하는 사람들은 환호했지만, 동시에 많은 사람이 걱정의 목소리를 높였어요. 그들의 목소리는 이야기 속 기현이가 부딪힌 문제와 다르지 않아요. 기현이가 어린이 보안관이 되어 드론으로 학교를 순찰하면서 마주한 문제들을 한번 짚어 볼까요?

"도둑을 잡기 위해서 드론을 도심에서 날리다니 너무 위험해!"

레저용 드론을 비롯해 대부분의 드론은 날개가 여러 개인 멀티콥터 방식이에요. 심지어 미니 드론조차도 여러 개의 날개를 달아 속도를 높이는 것이 유행이지요. 문제는 이 날개들의 회전 속도가 무척 빨라 전기톱만큼이나 위험하다는 거예요.

해외에서는 드론 날개에 눈을 긁혀 실명한 아기도 있고 우리나라의 유명 가수도 무대에서 드론을 가지고 퍼포먼스를 선보이다가 손을 베어 상처를 입기도 했어요. 또한 드론이 아파트 벽에 부딪히며 추락해 지나가던 사람들을 놀라게 하고, 바닷가에서 안전 순찰을 돌던 드론이 사람이 붐비는 해변에 추락한 일도 있답니다.

"허가도 받지 않고 몰래 촬영을 하다니 그건 법을 어긴 거야!"

대부분의 나라에서 촬영용 드론은 특히나 더욱 엄격하게 규제하고 있어요. 레저용 드론에도 고성능 카메라가 달리는 상황이라, 하늘을 오가는 드론은 사람들을 쉽게 엿볼 수 있고 심지어 촬영을 할 수도 있으며, 바로 유튜브 같은 동영상 공유 사이트에 올리는 것도 가능하지요. 실제로 이런 사이트를 검색해 보면 엄청난 숫자의 몰래 카메라 영상이 올라와 있는 걸 볼 수 있어요.

"좀비 드론!"

2016년 10월 일본에서 한 보안 전문가가 무선 조종 드론의 제어권을 가로채는 장치를 선보여 소동이 일어났어요. 만약 이 장치가 나쁜 마음을 먹은 사람의 손에 들어간다면 배달을 가던 드론을 몰래 가로채 거기에 폭탄이나 독극물을 대신 실어 보낼 수도 있을 거예요. 또한 이 장치는 현재 생산되는 대부분의 레저용 드론을 해킹할 수 있어요. 드론은 너무 작아 레이더망에 잡히지 않기 때문에 보안 대책이 시급한 상황이지요.

"의료용 헬기가 지나다니니 드론을 높이 띄우지 마라."

우리나라에서도 드론은 항공기로 규정하고 있어서 비행 전에 반드시 신고를 해야 해요. 또한 사전 비행 승인 필요 지역을 확인해 보면 의외로 대부분의 대도시에서는 드론을 띄울 수 없다는 걸 알 수 있어요. 드론 레이싱 연습을 위해 학교에서 자체적으로 비행 연습장을 제공하기도 하지만 그건 특수한 경우랍니다. 이렇게 엄격하게 규정하는 이유는 작은 새와 부딪히는 것만으로도 항공기는 큰 위험에 빠질 수 있기 때문이에요. 실수로 기체에 흠집이라도 나면 수백 명의 목숨이 위태로울 수 있으니까요.

기현이는 드론이 가진 위의 네 가지 문제를 진지하게 다루려고 애썼어요. 그럼에도 불구하고 우연히 잡힌 재미난 장면을 다른 사람과 공유하고 싶다는 충동을 이기지 못했어요. 공유 사이트에만 올리지 않으면 될 거라는 생각은 찍힌 사람의 입장에서 보면 변명에 지나지 않다는 것을 당하고 나서야 깨닫게 된 거예요.

생각하기 & 토론하기

❶ 기현이는 보안관 할머니가 함부로 학교 아이들을 촬영하면 안 된다고 야단쳤을 때 그래서 유튜브에는 올리지 않았다고 대답하지요. 그렇다면 누군가를 촬영해 공개하지 않고 친구들끼리 돌려 보는 기현이의 행동은 초상권 침해일까요? 아닐까요?

❷ 드론으로 많은 것을 해 볼 수 있는 시대가 왔어요. 만약 여러분이 드론 개발자라면 어떤 드론을 만들고 싶은가요?

해커는 꼭 모자를 쓴다

학교 컴퓨터실에서 준서는 온라인 게임 대화창에 떠오른 글을 보고 이를 악물었다.

그런 건 예상했어야 하는 거 아니야? 나쁜 짓을 했으면 당연히 대가가 따르는 법.

그렇게 말하고 날돌이 형은 화면에서 사라졌다. 접속해 있던 다른 형들도 연달아 로그아웃했다. 순식간에 텅 비어 버린 대화창을 멍하니 바라보다가 준서는 벌떡 일어섰다.

"으아아악!"

도저히 참을 길이 없어 그대로 컴퓨터실을 뛰쳐나왔다. 되는대로 발길을 옮긴 곳은 뒤뜰이었다. 보기 좋게 핀 꽃들이 아름다웠다. 준서의 고통 따위는 하나도 모르는 듯 바람결에 춤을 추고 있었다.

"어떻게 이럴 수가 있어! 그런 짓을 하게끔 부추길 때는 언제고 어떻게 이럴 수가 있냐고!"

준서는 형들에게 미처 하지 못한 말을 외치며 꽃을 잡아 뽑았다. 손에 잡히는 대로 뽑아 사방으로 던졌다. 뽑고 던지고 뽑고 던지고. 하지만 그래도 가슴의 답답함은 사라지지 않았다. 결국 지쳐 바닥에 주저앉고 말았다. 저절로 눈물이 흘렀다.

'엄마랑 아빠한테 뭐라고 말씀드리지? 내가 그런 짓을 했다는 걸 알면 정말 속상해 하실 텐데. 요즘 들어 장사가 잘되기 시작했다며 겨우 웃음이 돌아온 참이었는데.'

준서는 이내 훌쩍거리며 울기 시작했다. 누군가 보면 놀림거리가 될지 모른다는 생각이 들었지만 참을 수가 없었다. 어차피 그 일이 밝혀지면 끝장이다. 모든 아이가 피하는 나쁜 애가 될 거다.

"어떡해. 어떡하면 좋아."

한참을 울다가 문득 바람결에 들은 소문이 떠올랐다. 뒤뜰 연못에서 부르면 반드시 나타난다는 드론 탐정. 어른인지 어린이인지 알 수 없고 남자인지 여자인지조차 미스터리. 하지만 의뢰한 일은 반드시 해결해 준다는 드론 탐정.

"오! 하나, 둘, 셋!"

준서는 언젠가 들었던 드론 탐정을 부르는 주문을 조용히 읊조렸다. 그러고는 킥킥 작게 웃었다. 첨단을 달리는 해커가 학교 괴담에 의지하다니 스스로가 우습게 느껴졌다.

"나타날 리 없지."

그렇게 중얼거리는데 머리 위에서 위잉, 프로펠러 돌아가는 소리가 들렸다. 고개를 든 준서는 주먹보다 작은 초소형 드론이 떠 있는 것을 보았다.

"의뢰 내용은?"

드론 탐정이 무뚝뚝한 어투로 물었다. 준서는 황급히 엉덩이를 털며 일어섰다.

"아, 저기 그게 그러니까……."

기분 같아서는 줄줄 늘어놓고 싶었지만 과연 의뢰를 받아 줄지 의문이었다. 들은 뒤 야단만 맞는 게 아닐까 걱정도 되었다.

"걱정 말게. 난 이 일을 누구에게도 말하지 않을 걸세. 난 그저 사건 자체를 해결하는 것이 목적이거든."

준서는 코를 훌쩍거렸다. 목이 메어 오며 또 눈물이 날 것 같았다. 그걸 애써 감추며 천천히 입을 열었다.

"제가 어떤 사이트를 해킹했는데요. 그러니까 해킹을 하게 된 이유가 말이죠."

숨을 고르며 준서는 한 달 반 전, 우연히 그 사이트를 발견한 날을 떠올렸다.

"뭐야, 이거. 아이디가 0000인데 열리네?"

준서는 마우스를 움직이던 손을 멈추며 중얼거렸다. 그러자 학교 컴퓨터실을 감독하는 선생님이 고개를 들어 준서를 바라봤다. 준서는 얼른 입을 꾹 다물고 숙제를 하는 척했다.

하루에 두 시간, 학교 컴퓨터실은 신청만 하면 자유롭게 이용할 수 있었다. 집에도 컴퓨터가 있지만 그건 온라인 게임을 할 때만 사용했고 숙제를 비롯한 모든 걸 준서는 다 컴퓨터실에서 해결했다. 오늘도 숙제를 하느라 여기저기 관련 사이트를 뒤지고 있었다. 그러다 우연히 어떤 유로 잡지 사이트가 엉터리라는 것을 발견한 것이다.

'비번을 넣으려다 실수로 아이디를 0000으로 했는데 유료 사이트를 죄다 볼 수 있다니. 이런 걸 버그라고 하는 거겠지?'

장래 꿈이 컴퓨터 보안 전문가인 준서로서는 심장이 두근거리는 순간이었다. 준서가 읽은 책에 따르면 바로 이런 순간에 해커로서 하얀 모자를 쓸지 검은 모자를 쓸지 결정되기 때문이다.

미국에서는 해커를 화이트햇과 블랙햇으로 구분하는데 화이트햇은 하얀 모자라는 뜻으로 컴퓨터 보안 전문가를 말하고, 검은 모자라는 뜻의 블랙햇은 돈을 받고 정보를 도둑질하는 범죄자를 뜻했다.

'당연히 난 하얀 모자를 써야지!'
준서는 신나 하며 사이트에 떠 있는 주소로 메일을 보냈다.

유료 사이트에 버그가 있습니다. 아이디와 비번을 0000으로 넣으니 다 열립니다.

하지만 며칠이 지나도 답장이 오지 않았다.

'이상하네. 메일이 혹시 스팸 편지함으로 들어갔나?'

그러면 낭패다 싶어 준서는 사이트에 있는 전화번호로 전화를 걸었다. 전화를 받은 아줌마에게 사정을 말하자 아줌마는 그건 자기 담당이 아니라며 사이트 관리자에게 전화를 연결해 주었다.

준서는 조금 들뜬 목소리로 자신이 발견한 걸 미주알고주알 털어놓았다. 그러자 아저씨는 거칠게 소리쳤다.

"목소리를 들어 보니 어린 것 같은데 공부나 해라. 이런 쓸데없는 일에 시간 보내지 말고."

준서는 말문이 막혀 입을 떡 벌렸다. 좋은 마음으로 전화한 건데 이렇게 나오다니 어이가 없었다.

"다시 이 일로 전화하면 가만 안 둔다."

아저씨는 이 말을 덧붙이더니 전화를 뚝 끊었다.

그날 저녁, 준서는 온라인 게임 사이트에서 친하게 지내는 형들에게 이 일을 모조리 떠벌렸다. 팀을 짜서 함께 게임을 해 온 지 일 년이 넘은지라 모두 무척 어이없어 했다. 알고 보니 그런 일이 의외로 자주 있는 모양이었다. 형들이 엄청 어려운 말로 열심히 설명을 해 줬는데 결론은 프로그램을 잘못 만들었다는 소리였다.

"칫. 그걸 고칠 생각을 하니 귀찮아서 짜증을 냈다는 거네요."

준서는 대화창에 그렇게 적고는 입을 삐죽였다. 진짜 한심해 보였다. 하얀 모자 해커라는 자부심 따위는 없는 모양이었다.

'이러니 신문에서 맨날 블랙햇 해커에게 당한 회사들 이야기가 실리는 거겠지.'

그렇게 툴툴대고 있는데 날돌이라는 닉네임의 형이 압축 파일을 하나 보내 주며 말했다.

"이거 해킹툴인데 실행하고 그 사이트 주소를 쳐 넣으면 돼. 그러면 웬만한 건 다 열릴 거다."

그러자마자 그 아래로 댓글이 달렸다.

"아! 그거구나. 최신 해킹툴! 근데 그거 영어 아니야?"

"한글판으로 내가 만들었어. 그 첫 공개를 우리 팀 막내에게 하는 거지. 이걸로 그 못된 아저씨에게 한 방 먹이라고."

"좋겠네. 막둥이"

그 뒤로도 부러워하는 말들이 줄줄 이어졌다.

대화창을 닫은 뒤, 준서는 날돌이 형이 보내 준 파일의 압축을 풀고 실행시켜 보았다. 날돌이 형 말대로 아주 간단한 프로그램 창이 떴다. 한가운데 주소를 쳐 넣을 수 있는 곳이 있었다.

준서는 침을 꼴깍 삼켰다. 또다시 운명의 갈림길에 선 기분이었다. 하얀 모자, 검은 모자. 이번에는 어떤 모자를 써야 할까?

"내가 검은 모자를 쓰게 된 건 다 그 아저씨 때문이야!"

준서는 혼잣말로 중얼거리고는 키보드 위에 손을 얹었다.

'어디에 접속을 해야 하지? 어차피 유료 사이트 여는 법은 알고 있

고. 솔직히 별 필요도 없고.'

그러다 문득 그 사이트에서 쇼핑몰을 운영한다는 사실이 떠올랐다. 과학 잡지여서 파는 것도 죄다 과학 관련 물건이지만 딱 하나 쓸 만한 게 있었다. 그 잡지를 파는 온라인 서점에서도 사용할 수 있는 기프트 카드.

심장이 두근거리는 걸 느끼며 기프트 카드를 구입하는 창의 주소를 해킹툴에 쳐 넣었다. 그런 뒤 열 장 구입을 클릭했다. 해킹툴이 돌며 0원인 사이버 머니 계좌에도 불구하고 결제가 되었다.

"아싸!"

환호하며 백화점처럼 다양한 것들을 팔고 있는 온라인 서점에 접속했다. 환상적이게도 그곳에서는 아이들이 탐내는 브랜드의 후드티를 팔고 있었다. 보자마자 망설임 없이 구매했다. 며칠 뒤, 집으로 주문한 옷이 도착했다.

'아빠가 직장을 그만두는 바람에 새 옷은 엄두도 못 냈는데, 이렇게 쉽게 손에 넣을 수 있다니.'

준서는 너무 신이 나서 후드티를 입고 다시 컴퓨터 앞에 앉았다. 아빠와 엄마는 얼마 전 개업한 가게 일을 하느라 새벽 3시가 넘어서야 들어왔다. 그러니 부모님 모르는 새 옷을 입고 있다 해도 아무런 문제가 없었다.

"신발도 구멍 나기 일보 직전인데 잘됐다."

준서는 히죽거리며 해킹툴을 또 돌렸다. 더도 말고 덜도 말고 딱 열 장. 그거면 충분했다. 준서는 단박에 학교의 스타가 되었다. 멋진 후드티에 새 농구화를 신고 옆구리에 새 농구공까지 끼고 등교를 하자 모두가 부러운 눈으로 바라봤다. 덕분에 친한 친구들도 제법 생겼다. 그동안 반에서 겉돌며 변변한 친구 하나 없이 지냈는데, 이제는 틈만 나면 함께 농구할 친구들이 생겼다.

그러다 어버이날이 다가왔다. 준서는 또다시 열 장의 기프트 카드를 손에 넣었다. 그걸로 새벽까지 일하느라 허리가 아픈 엄마를 위해 마사지기를 사고, 아빠를 위해서는 다 터진 발뒤꿈치도 감쪽같이 아물게 해 준다는 발 크림을 샀다. 부모님은 이런 비싼 선물을 어떻게 샀냐며 당황해 하셨지만 준서는 그동안 차곡차곡 모은 용돈이라고 둘러댔다.

"녀석, 다 컸구나!"

아빠는 선물보다 준서의 설명에 더 기뻐하며 울 것 같은 얼굴로 중얼거렸다. 그 순간 준서는 검은 모자를 벗기로 마음먹었다.

'다시는 해킹을 하지 말아야지!'

하지만 그 결심은 얼마 지나지 않아 흔들렸다. 농구를 하다가 친해진 친구가 준서를 생일 파티에 초대한 것이다. 그것도 집이 아니라 아이들이 좋아하는 피자 가게에서 농구를 같이하는 친구들만 모여 피자를 먹을 예정이라고 했다.

"그럼 꼭 가야지."

준서는 별 일 아니라는 듯 대답했다. 하지만 동시에 속으로 절규했다.

'빈손으로 갈 수는 없는데…….'

형편이 어려워져 집에서 받는 용돈으로는 그럴듯한 선물을 사기 힘들었다. 그러다 보니 다시 해킹 생각이 들었다. 결국 참다못한 준서는 날돌이 형에게 상담을 했다. 형은 준서의 고민을 듣더니 아주 자상하게 이렇게 말해 주었다.

"뭘 그런 걸 가지고 전전긍긍이냐? 그냥 여기저기서 조금씩만 훔치면 돼. 그러면 대부분 그냥 넘어가기 마련이야. 조사하려면 귀찮거든. 너 전화해 봐서 알잖아. 그 아저씨가 화내던 거 잊었어?"

준서는 옳다구나 싶었지만 다른 한편으로는 걱정이 되었다. 해킹툴을 쓰는 사람들이 다 저렇게 생각하고 있다면 문제가 심각할 것 같았다.

"하지만 해킹툴을 쓰는 사람이 많으면 결국 큰 금액이 되는 거잖아요."

준서가 이렇게 묻자 날돌이 형은 하하하 웃는 이모티콘을 날리며 대답했다.

"그렇게 되면 화이트햇들이 보안 프로그램을 만들겠지. 솔직히 보안 프로그램이 발전하려면 우리처럼 조금씩 사고를 쳐 주는 사람이 있어야 해. 그래야 계속해서 개발을 하지."

"하긴 그 사이트 담당자 아저씨는 그런 자극이 꼭 필요할 것 같았어요."

"그래, 그렇다니까! 그래서 우리 같은 사람들을 바로 그레이햇이라고 하지."

"그레이햇이면 회색 모자요?"

"맞아. 필요에 따라 하얀 모자와 검은 모자를 번갈아 쓰는 해커를 말해. 괜히 머리 아프게 고민할 필요 없어."

준서는 멍해졌다.

'맙소사. 회색 모자라니 상상도 못했어. 그래, 이랬다저랬다 하는 사람이 왜 없겠어.'

조금은 가벼워진 마음으로 준서는 며칠 동안 학교 컴퓨터실에서 쇼핑몰을 뒤적이며 보냈다. 그러다 눈에 딱 들어오는 근사한 쇼핑몰을 찾았다.

"굉장하네. 선물해 주면 좋아할 것들 천지잖아!"

해킹툴 한 방이면 그 모든 것이 다 준서 거였다.

"어떡하지?"

스스로에게 묻고는 다시 망설였다. 엄마랑 아빠를 생각하면 절대 해서는 안 될 일이었다. 보안 전문가가 될 미래를 생각해서도 관둬야 했다. 하지만 친구 생일에 안 갈 수도 없었다. 그랬다가는 기껏 사

권 친구들에게 따돌림을 당할 게 뻔했다.

1분, 2분, 3분······.

보면 볼수록 갖고 싶은 물건들로 가득 찬 화면을 바라보다가 준서는 마우스를 잡았다.

'날돌이 형이 해킹툴로 뚫리는 사이트도 있고 안 뚫리는 사이트

도 있다고 했지. 일단 한번 해킹툴을 걸어나 볼까?'

마치 도박을 하는 심정으로 해킹툴을 실행했다. 뚫릴지 안 뚫릴지 기다리는 몇 초가 무척이나 길게 느껴졌다. 마침내 뚫리는 순간 준서는 앉은 자리에서 만세를 외칠 만큼 짜릿함을 느꼈다.

"됐다!"

그러고는 이내 표정이 굳으며 자세를 바로 했다. 이제 저것들은 모두 다 준서 거였다.

"보안이 이렇게 엉망이라니. 날돌이 형 말대로 도둑을 맞아 봐야 정신을 차리려나?"

준서는 옆에 누가 있는 것처럼 툴툴거리며 마우스를 움직여 물건을 하나씩 훑어 내려갔다. 그러다 선물로 주면 딱 좋을 물건을 발견했다.

'어떡하지?'

머릿속 준서가 조용히 물었다. 준서는 크게 숨을 들이켜고 스스로에게 대답했다.

"회색 모자를 쓰지 뭐. 꼭 필요할 때만 해킹툴을 사용하면 되는 거야."

클릭을 하려는 순간, 아까 로그인해 둔 메일 사이트에 메일이 왔다는 알림이 컴퓨터 화면 아래쪽에 떠올랐다. 준서는 저도 모르게 안도의 한숨을 내쉬며 메일 창을 크게 띄워 확인했다. 그런데 제목이 좀 이상했다.

> 귀하의 불법적 해킹과 관련하여

의아해 하며 제목을 클릭해 내용을 본 순간 준서는 입이 떡 벌어졌다. 보낸 사람은 다름 아닌 과학 잡지 사이트 관리자였다.

> 안녕하십니까? 김준서 군. 저는 OO 잡지 사이트 관리자입니다. 본인은 김준서 군이 본 사이트의 쇼핑몰에서 총 세 번에 걸쳐 30만 원어치의 기프트 카드를 무료로 구입한 사실을 확인했습니다. 바로 사이버 수사대에 신고해 법에 따른 처벌을 요구할까 하였으나 김준서 군이 아직 초등학생이라는 점을 감안하며 다음과 같이 제안합니다.
> ○월 ○일까지 부모님과 의논하여 30만 원을 아래 적힌 계좌로 보내 주시기 바랍니다. 만약 이날까지 해결하지 못할 경우 경찰의 통보를 기다리면 되겠습니다. 감사합니다.
> 　　　　　　　　　　　　　　OO 잡지 사이트 관리자 드림.

"지금 나를 경찰에 신고하겠다는 거야? 저 날짜까지 돈을 안 보내면?"

너무 놀라 숨조차 제대로 쉬기 힘들었다. 심지어 현기증까지 일었다. 컴퓨터 화면이 멀어지며 그 사이에 시커먼 강이 흘러가는 기분이었다.

'도움을 청해야 해!'

준서는 컴퓨터실 담당 선생님에게 들킬 각오를 하고 온라인 게임 사이트에 접속했다. 원래는 접속을 못 하게 차단되어 있지만 날돌이 형이 준 해킹툴로 뚫어 놓은 지 오래다. 대화창을 보니 천만다행히도 날돌이 형을 비롯한 친한 형들이 모두 게임 중이었다.

"저 큰일 났어요!"

준서는 허둥지둥 상황을 설명했다. 메일도 공개했다. 하지만 어이없게도 형들의 반응은 떨떠름했다. 심지어 이 모든 일의 원인을 제공한 날돌이 형마저 슬쩍 발을 뺐다.

"그러게 내가 뭐라고 했냐. 조금씩만 하라니까. 30만 원이라니 너무 컸네."

그걸로 끝이었다. 모두 대화창에서 나가 버렸다. 준서는 너무 기가 막혀 뒤뜰로 뛰쳐나갈 수밖에 없었다.

"제 이야기는 여기까지예요. 이런 나쁜 아이여도 저를 도와주실 건가요?"

말을 마친 준서는 무뚝뚝한 얼굴로 입을 꾹 다물었다. 그렇지 않

으면 아까처럼 또 엉엉 울어 버릴 것 같았다.

"일단 정정해야 할 말이 있군."

공중에 점을 찍은 듯 정지해 있던 드론 탐정이 말했다. 준서가 의아한 얼굴로 바라보자 드론 탐정이 말을 이었다.

"김준서. 자네는 해커가 아니야. 사실 화이트햇이든 블랙햇이든 자네가 한 일을 알면 비웃을 걸세. 그들이 보기에 자네가 한 일은 그저 도둑질이거든. 자네는 만능열쇠를 가진 좀도둑일 뿐이었네."

"그게 무슨 소리예요?"

"해커들은 자네 같은 사람을 스키디라고 부르지. 스크립트 키디의 줄임말인데 우리나라 말로는 따로 부르는 이름이 없네. 어쨌거나 블랙햇이 만든 만능열쇠를 손에 넣어 해커 흉내를 내는 어린이를 뜻하는 말이지."

"저는 해커 흉내 낸 적 없어요!"

"흉내 맞아. 만약 해커였다면 대부분의 해킹툴은 사이버 지문을 남긴다는 걸 알았을 테니까. 저런! 사이버 지문이 뭔지도 모르는 건가? 지문으로는 그 사람의 신상 정보를 알 수 있지. 개인마다 고유하니까. 사이버 지문도 마찬가지라네. 해킹한 사람의 컴퓨터 아이피 주소와 사용한 장소를 알려 주지. 좀 더 정밀하게 파고들면 해킹하는 스타일도 사람마다 다르다네. 그 사이트 담당자도 그걸 이용해서

자네를 아주 손쉽게 찾아냈을 거고."

"전혀 몰랐어요. 그런 흔적이 남는 줄은."

준서는 현기증이 났다. 눈초리에 슬쩍 눈물이 고였다.

'코딩 수업 시간마다 칭찬만 받아서 별거 아니라고 생각한 거야. 사실 이제 겨우 C언어 몇 장 배웠을 뿐인데.'

그런 생각에 잠겨 한숨을 쉬고 있는데 드론 탐정이 말했다.

"부모님께 말씀드리게. 그리고 30만 원을 보내 달라고 부탁하게. 용돈 대신 말이야."

준서는 헛웃음을 터트렸다. 상상만 해도 끔찍했다. 어떻게든 그것만은 피하고 싶었는데 역시 그 방법밖에 없다고 생각하니 속이 울렁거렸다. 하지만 별 수 없었다.

"그럴게요. 제가 저지른 일인 건 사실이니까요."

그러자 드론 탐정이 말했다.

"제안이 있네. 이 학교에 자네처럼 최첨단 장난감을 손에 넣고 정신 못 차리는 아이가 있어. 그 아이를 일깨우는 걸 도와주게. 그렇게 해 준다면 내가 자네와 함께 부모님을 뵙도록 하겠네. 그러면 말하기가 한결 쉬울 거야."

"저희 부모님은 드론 모습을 한 탐정님을 보면 기절하실 걸요."

"물론 그렇겠지. 하지만……."

그렇게 목소리가 뚝 끊기더니 갑자기 등 뒤에서 낯익은 목소리가 들렸다.

"학교 보안관이라면 얘기가 다르지."

뒤로 돌아선 준서는 보안관 할머니가 서 있는 걸 보고 깜짝 놀랐다. 보안관 할머니는 씩 웃더니 손에 든 조종기를 놀려 드론 탐정을 착륙시켰다. 그러고는 화단을 보며 말했다.

"일단 저것부터 원상 복귀 시키자."

쉬운 과학 이야기 ④

스크립트 키디

해커일까? 좀도둑일까?

랜섬웨어, 디도스 공격, 백도어 해킹. 누구나 한 번쯤은 들어 본 이 말들은 모두 블랙햇 해커가 일으킨 사이버 범죄와 관련이 있어요. IT 강국인 우리나라는 이로 인해 엄청난 피해를 입고 있지요.

그중에서도 랜섬웨어는 컴퓨터 파일을 모조리 암호화시켜 사용할 수 없게 만들고 암호를 푸는 대가로 돈을 요구하는 악질적인 악성 코드인데 그 피해액이 나날이 어마어마해지고 있어요. 실제로 2016년 우리나라는 랜섬웨어로 인해 3,000억 원의 피해를 입었어요. 2017년에는 랜섬웨어에 의한 전 세계 피해액이 5조 원이 넘었답니다. '워나크라이'라는 랜섬웨어가 세계적으로 유포되면서 각 나라 회사의 사무실마다 컴퓨터 전원을 켤까 말까 고민하는 진풍경이 펼쳐지기도 했지요.

이처럼 사이버 범죄로 인한 피해는 나날이 늘어나고 있고, 전설적인 블랙햇 해커가 체포되었다는 소식도 간간이 뉴스에서 볼 수 있지요. 이런 해커들은 자신의 위치를 숨기는 데 무척 능숙해 이들을 잡는 데는 어마어마한 노력이 필요합니다. 이들은 그룹을 만들어 활동하기도 하는데 전 세계가 이런 해커들 때문에 골머리를 앓고 있지요.

그러다 보니 블랙햇 해커의 이야기를 다룬 소설이나 영화도 쏟아져 나오고 있어요. 이야기 속 해커들은 하나같이 멋지고 기상천외한 발상으로 기업에서 만든 어마어마한 보안벽을 뚫고 정보나 돈을 빼내는 데 성공하지요. 이 때문인지 해킹 사고가 터졌다고 하면 굉장한 실력을 지닌 블랙햇 해커를 떠올리는 것이 보통이에요.

하지만 사실 해킹 사고의 80~90퍼센트는 블랙햇 해커가 아닌 준서처럼 프로그래밍에 대해 잘 모른 채 해킹툴을 사용하는 스크립트 키디에 의해 발생하고 있어요. 이런 사건 중 가장 널리 알려진 것이 2014년에 터진 KT 고객 정보 유출 사건이에요. 무려 1200만 명의 고객 정보가 유출되었는데 단순한 해킹툴을 이용해 해킹에 성공한 경우였어요. 실제로 많은 보안사고가 보안벽이 허술해서가 아니라 고객 정보를 암호화하는 데 실패하면서 벌어지는데, 해킹툴은 바로 이 점을 공격하는 것입니다.

상황이 이렇다 보니 화이트햇 해커를 교육시키는 기관에서는 해킹툴을 직접 만들고, 사용해 보는 연습을 체계적으로 시키고 있어요. 적을 알고 나를 알면 백전백승이라는 《손자병법》의 구절을 실천하고 있는 셈이지요. 하지만 이렇게 창과 방패에 능통해지다 보면 종종 사고가 터지기도 해요. 실제로 유명 보안 전문가로 맹활약하던 화이트햇 해커가 큰 돈을 받고 고객 정보를 유출해 구속되기도 했어요. 이 일로 우리나라의 보안 전문가들은 심한 충격을 받았어요.

그렇다면 왜 이런 일이 계속 벌어지는 걸까요? 준서도 하얀 모자, 검은 모자, 회색 모자를 두고 계속해서 고민을 하지요. 준서의 상황을 보면 검은 모자를 쓰는 것도 회색 모자를 쓰는 것도 조금은 이해가 가요.

준서는 집이 어려워지면서 매일 같은 옷만 입고 다닐 정도로 힘들었고, 친구 생일 선물조차 살 수 없는 상황이었어요. 그 와중에 너무나도 쉽게 원하는 물건을 가질 수 있는 기회가 생겼는데, 그 일을 하지 않기란 무척 힘들었을 거예요. 하지만 과연 준서는 아무런 대가도 치르지 않고 원하는 물건을 손에 넣은 걸까요? 위대한 천재 물리학자인 아인슈타인이 이런 말을 했어요.

"대가를 지불하지 않아도 되는 일은 가치가 없다."

준서가 이 말을 들었다면 의아할 거예요. 하지만 사실 준서가 아무 대가 없이 얻었다고 생각했던 것들은 공짜가 아니었어요. 준서 또한 대가를 치렀어요. 눈에 보이지 않기 때문에 깨닫지 못했지만 그건 바로 양심이에요. 사람이 사람인 까닭은 양심이 있기 때문이고, 나의 이익을 위해 다른 누군가를 해치지 않도록 스스로를 제어할 수 있기 때문이에요. 하지만 해킹툴을 이용하면 할수록 준서의 양심은 작아져 갔어요. 이런 준서의 미래는 과연 어떻게 될까요? 이 글을 읽고 있는 여러분도 호기심에 해킹툴을 실행해 볼 기회가 있을지도 몰라요. 하지만 바로 그 순간 자신의 미래에 어둠이 드리워지고 있다는 걸 기억해야 합니다.

생각하기 & 토론하기

❶ 준서는 사고 싶은 물건이 잔뜩 있는 쇼핑 사이트를 해킹하는 데 성공했고, 해킹을 당해 봐야 정신을 차리지 않을까 생각하며 물건을 도둑질했지요. 과연 이런 준서의 주장은 맞는 걸까요?

❷ 준서는 해킹툴로 도둑질을 하면서 점점 양심을 잃어 가요. 이처럼 소중하게 지켜야 할 양심을 깎아 먹는 행위는 인터넷상에서 많이 일어나는 일이지요. 그런 일들에는 어떤 것이 있는지 이야기를 나눠 보고 어떻게 해야 막을 수 있는지 생각해 보세요.

편의점에서 악마가 왔다

"이번 주 금요일이라니 검진 날짜가 빨리 잡혔네요. 고맙습니다."

요리 교실 선생님이 말했다.

"아니에요. 그렇지 않아도 건강해지자고 만든 수업인데 이상하게 애들 아토피가 심해지고 체중은 더 느는 것 같아서 걱정이었거든요."

양호 선생님이 대답했다.

'어떡해. 건강 검진을 진짜 하려나 보다.'

모퉁이에 서서 선생님들의 이야기를 엿듣던 찬돌이는 눈을 질끈 감았다. 이마에 식은땀이 맺혔다. 검사 결과가 어떻게 나올지는 뻔했다.

"무슨 방법이든 써야 해. 이러다 누구라도 사실을 말하면 난 끝장

이야."

 찬돌이는 슬금슬금 뒷걸음질로 선생님이 눈치채지 못하게 그곳을 벗어났다. 잠시 뒤, 찬돌이는 방과 후에 '똑똑한 요리 교실'로 쓰이는 조리실 문을 열고 안으로 들어갔다. 웅성대던 아이들이 일제히 입을 다물며 찬돌이를 바라봤다. 그런데 하나 같이 낯빛이 좋지 않았다. 식중독 때문에 한바탕 소동을 겪은 찬돌이네 조가 아닌데도 아파 보이는 애들이 여럿이었다.

 '양호 선생님 말이 맞네. 설마 이게 다 내가 나눠 준 간식 때문은 아니겠지?'

 찬돌이는 속으로 중얼거리며 고개를 푹 숙이고 자리로 가서 앉았다. 그러자 평소 친하게 지내는 지훈이가 옆으로 바짝 붙어 앉으며 물었다.

 "어이, 돌 셰프. 어때? 선생님들 분위기는?"

 "검진할 거래. 이번 주 금요일 날."

 찬돌이는 그토록 자랑스러웠던 돌 셰프라는 별명이 목에 턱 걸리는 기분이 들어 얼굴을 찡그리며 대답했다.

 "뭐야?"

 지훈이뿐 아니라 모두가 합창하듯 비명을 질렀다. 찬돌이는 주먹을 꼭 쥐고는 조심스레 입을 열었다.

 "우리 모두 의형제 결의를 맺으면 어떨까?"

"뜬금없이 그게 무슨 소리야?"

똑똑한 요리 교실 반장을 맡고 있는 혜진이가 물었다. 찬돌이는 우물거렸다.

"비밀을 지키려면 그래야 할 것 같아서."

"웃기고 있네. 편의점 셰프니 뭐니 하면서 신나서 잘난 척하던 게 누구더라?"

혜진이가 코웃음을 쳤다.

"나 혼자 먹으려고 했는데 치사하다며 다 같이 먹자고 한 건 너희잖아!"

찬돌이는 목구멍을 쥐어짜는 듯한 목소리로 말했다.

"당연한 거 아니니? 요즘 유행이니 뭐니 하면서 자랑을 늘어놓는데 다들 먹고 싶지 않겠니? 모두 네 탓이라는 건 아니지만 가장 먼저 나서서 잘못했다고 고백해야 하는 건 분명 너야."

혜진이가 단호하게 말했다. 찬돌이는 입술을 바르르 떨며 코를 훌쩍거렸다. 다른 사람도 아닌 혜진이가 저렇게 말하니 할 말이 없었다. 세 달이 훌쩍 넘는 시간 동안 혜진이는 단 한 번도 찬돌이가 만든 간식을 먹은 적이 없었다. 요리에 몰래 섞어 먹으려고 산 음식들도 마찬가지였다.

찬돌이는 누군가 도와주길 바라며 시선을 옮겼다. 하지만 다들 혜진이 말이 맞다는 얼굴로 서 있었다. 지훈이마저 그랬다. 찬돌이

는 너무 서러워서 저도 모르게 고함을 질렀다.

"너무해. 다들 너무해."

그러고는 교실 밖으로 뛰쳐나갔다.

"야! 박찬돌!"

지훈이가 불렀지만 찬돌이는 멈추지 않았다.

찬돌이는 그대로 달려 건물을 나섰다. 운동장을 가로질러 빠르게 걸었다. 조금 빠르게 걸은 것뿐인데 숨이 찼다. 체중을 재 보지는 않았지만 지난 석 달 동안 몸무게가 상당히 늘었다는 걸 느낄 수 있었다. 전에는 과체중이라고 했는데 이번에 건강 검진을 하면 비만이라는 소리를 들을 것 같았다.

"아, 이제 어쩌면 좋지?"

찬돌이는 너무 힘들어 걸음을 멈추며 중얼거렸다. 막상 뛰쳐나오긴 했지만 이대로 집에 돌아가자니 무서웠다. 아이들이 선생님에게 이를까 봐 걱정이 돼서 발이 떨어지지 않았다.

저도 모르게 눈가가 따가워지며 눈물이 고였다. 흡, 코를 들이켜는데 머릿속에 얼핏 들은 소문이 떠올랐다. 어떤 곤란한 일이라도 멋지게 해결해 준다는 드론 탐정!

"어쩌면 진짜인지도 몰라."

물에 빠지면 지푸라기라도 잡는다고 찬돌이는 휙 돌아서서 뒤뜰로 달려갔다. 연못 앞에 서서 온 힘을 다해 크게 외쳤다.

"오! 하나, 둘, 셋!"

순간 뒤통수에서 찬바람이 느껴졌다. 돌아서니 찬돌이의 주먹만 한 드론이 두둥실 떠 있었다.

"의뢰할 내용은?"

찬돌이는 무뚝뚝한 드론 탐정의 목소리에 긴장했다. 저런 목소리로 다 네가 잘못한 거라고 소리친다면 울어 버릴 것 같았다. 그런 찬돌이의 마음을 읽었는지 조금 부드러워진 목소리로 드론 탐정이 다시 말했다.

"나는 어떤 일의 잘잘못을 따지는 데에는 관심이 없네. 어른들한테 차마 말 못 할 문제를 어떻게 풀어 나갈지 같이 고민할 뿐이지."

그 말을 들은 찬돌이는 어깨를 짓누르던 돌덩이가 사라진 기분이었다. 찬돌이는 조금 편해진 마음으로 어색하게 웃으며 천천히 입을 열었다.

"생각해 보면 이게 다 식물 공장 때문에 시작된 일이에요."

네 달 전 어느 날이었다. 찬돌이가 방과 후 수업을 마치고 집에 돌아와 보니 2층이 소란스러웠다. 무슨 일인가 싶어 올라가 보니 아저씨들이 뭔가를 설치하고 있었다. 층층의 받침대 위에 스테인리스로 만든 쟁반이 간격을 두고 놓여 있었다. 각 층마다 전등이 달려 있어 불빛이 환했다.

'대체 이게 뭐지?'

어리둥절해 하고 있는데, 등 뒤에서 외할머니 목소리가 들렸다.

"식물 공장이란다. 네 아빠가 이 할미 생일 선물이라고 기어코 사 주는구나. 지난해까지 흙 만지고 살던 분이 그걸 못해서 우울한 거라면서."

찬돌이는 눈을 휘둥그레 떴다.

"식물 공장이 뭐예요?"

그러자 일하던 아저씨가 불쑥 끼어들었다.

"말 그대로 식물을 만드는 공장이야. 여기 이 전등 보이지? 이게 햇빛 역할을 하는 거야. 이 쟁반에는 영양분이 든 물을 넣는데, 그게 흙을 대신하는 거고. 이 위에 스티로폼으로 만든 틀을 놓고 거기 구멍을 내서 씨앗을 심어 키우는 거야. 스티로폼이 밭에 있는 둔덕 역할을 한단다."

"굉장하네요. 근데 공장이라고 하기에는 좀 작네요."

찬돌이가 말했다.

"이건 가정용이란다. 기업용은 상당도 못 할 만큼 크지. 궁금하면 인터넷 검색창에 식물 공장이라고 쳐 보면 돼. 아주 근사한 식물 공장을 볼 수 있을 거야."

아저씨는 그렇게 말해 주고는 찬돌이 외할머니를 보며 말했다.

"어르신, 설치 테스트 다 끝났습니다. 단이 낮으니까 심을 수 있는

건 새싹 채소나 어린잎 채소 같은 것들이니 알아 두시고요."

"고맙습니다. 궁금한 거 있으면 연락할게요."

찬돌이 외할머니는 아주 신난 얼굴로 대답했다.

그리고 그게 시작이었다. 딱 2주일 후, 찬돌이는 밥상에 파릇파릇한 쌈 채소가 놓인 것을 보았다. 그때부터 빠른 속도로 밥상이 초록색으로 바뀌기 시작했다. 그렇지 않아도 외할머니는 뭐든 잘 키우는 분인데 식물 공장에서는 도저히 다 먹지 못할 만큼의 채소가 넘쳐났다. 덕분에 찬돌이는 매일같이 죽을 맛이었다.

'지겨워. 대체 언제까지 채소 반찬만 먹어야 하는 거야!'

찬돌이는 아침이고 저녁이고 갈 곳 잃은 젓가락을 탁탁거리며 짜증을 부렸다. 어쩌면 그게 실수였는지도 몰랐다.

"찬돌아, 이제는 무리해서 안 먹어도 돼. 키운 것들을 보낼 곳이 생겼어."

또 깨작거리며 밥을 먹고 있는데 외할머니가 말했다. 찬돌이는 젓가락질을 멈추고 외할머니를 바라봤다. 그러자 외할머니가 말을 이었다.

"이 할미가 너희 학교에 전화해서 물어봤더니 똑똑한 요리 교실이라는 방과 후 수업이 있다더라. 거기에 보내기로 했다."

순간 찬돌이는 돌 씹은 표정이 되었다.

'똑똑한 요리 교실'이 시작된 건 지난 3월 개학과 함께였다. 양호 선생님의 주도하에 식습관 때문에 과체중이 되었거나 아토피에 시달리는 아이들을 모았다. 과체중인 찬돌이도 당연히 참가해야 했다. 수업은 찬돌이가 좋아하는 음식에 죄다 독이 들어 있다는 내용이었다. 정말이지 끔찍한 수업이었지만, 엄마는 이 기회에 식습관을 고치라며 굉장히 기뻐했다. 그런데 집에서도 모자라 이 지겨운 채소를 거기서 또 먹어야 한다니 끔찍했다.

"당장 취소해 주세요."

찬돌이는 펄펄 뛰며 외쳤다. 외할머니는 난감한 표정을 지었다.

"늦었다. 아까 요리 선생이라는 사람한테 전화가 와서 네 편에 채소를 보내 달라고 하더구나. 그렇지 않아도 좀 더 신선하고 무농약이 확실한 채소를 구입하려고 알아봤다면서."

으아아악!

찬돌이는 머리를 쥐어뜯으며 괴로워했지만 이미 엎질러진 물이었다. 그날 아침 찬돌이는 요리 교실 선생님이 시킨 대로 교무실에서 조리실 열쇠를 받아 조리실 뒤에 있는 최신형 스마트 냉장고에 외할머니가 키운 채소를 차곡차곡 채워 넣었다. 그러면서 보니 오늘 요리에 쓰일 재료가 이미 가득 차 있었다. 일주일에 한 번씩 대형 마트에서 배달을 나와 채워 놓고 가는데 아무래도 새벽같이 다녀가는 모양이었다.

이번 주는 뭘 먹나 살펴보던 찬돌이는 얼굴을 찡그렸다. 파프리카, 브로콜리, 양송이버섯, 감자. 하나같이 싫어하는 것뿐이었다.

'이것들도 모자라 이 초록색 풀까지 먹어야 한다고!'

그러다 문득 선생님이 스마트폰뿐 아니라 냉장고에 달린 패널을 통해서도 주문을 한다는 게 떠올랐다. 지난번에 재료 하나가 빠져서 요리 교실 반장 혜진이가 추가로 주문하는 걸 본 적이 있었다.

'몰래 뭐라도 시켜서 요리할 때 섞어 먹으면 안 될까?'

속으로 중얼거리며 패널을 손가락으로 만졌다. 그러자 냉장고 온도가 표시되던 화면이 사라지고 바로 물건을 주문하는 마트의 홈페이지가 떴다.

"우아!"

찬돌이는 신나서 먹음직해 보이는 비엔나소시지를 장바구니에 담으려 했다. 그러자 비밀번호를 입력하라는 문구가 떴다.

"그럼 그렇지. 아무나 주문하게 해 놨을 리가 없지."

찬돌이는 쩝 입맛을 다시며 패널을 껐다.

그날 오후, 방과 후 수업이 끝난 뒤 찬돌이는 요리 교실 선생님께 돈 봉투를 받았다. 앞으로 한 달 동안 받을 채소 값이라며 외할머니께 전해 드리라고 했다. 안을 살펴본 찬돌이는 제 용돈의 몇 배나

되는 지폐에 무척 놀랐다.

"외할머니, 선생님이 이거 드리래요!"

집에 돌아가자마자 찬돌이는 돈 봉투를 외할머니에게 내밀었다. 외할머니는 봉투를 쳐다보지도 않고 식물 공장에서 쑥쑥 자란 어린잎 채소들을 수확하며 말했다.

"너 가져라. 이것들 배달하는 것도 일일 텐데."

찬돌이는 숨을 삼켰다.

'꽤 큰돈인데, 할머니는 전혀 생각도 못 하시나 보다.'

"왜, 싫으니? 그 돈으로 사람을 쓸까? 근데 할 만한 사람이 있을까 모르겠네."

외할머니가 손을 멈칫하며 말했다. 찬돌이는 도리질을 쳤다. 그러고는 히죽 웃었다.

"아니요. 제가 할게요."

그렇게 들어온 돈으로 찬돌이는 반에서 유일하게 자신을 뚱보라고 놀리지 않는 준서를 불러내 편의점으로 달려갔다. 동네에 있는 작은 편의점이 아니라 없는 것 없이 다 있는 학교 근처 사거리 편의점이었다.

그곳에서 찬돌이는 그동안 인터넷에서 보고 배운 대로 스트링 치즈와 체다 치즈를 3분 떡볶이에 잔뜩 뿌려 그럴듯한 모양으로 탄생시켰다. 삼각 김밥과 라면에도 비슷한 재주를 부렸다.

준서는 연신 엄지를 세워 보이며 찬돌이가 만든 음식을 맛있게 먹었다. 찬돌이도 질세라 배가 부르도록 먹었다. 그동안 받은 용돈으로는 어림도 없던 것들을 다 만들어 보다니 천국이 따로 없었다. 찬돌이는 너무 들떠 돈이 생긴 행운에 대해 떠들었다. 그러자 준서가 슬며시 말했다.

"어차피 아침에 채소를 배달해야 해서 조리실 열쇠를 받았으면서 따로 주문 못 할 이유가 뭐야?"

"응? 무슨 소리야?"

"온라인 편의점에서도 배달을 하거든. 여기보다 훨씬 상품도 많고. 아침에 조리실 앞으로 배달해 달라고 하면 되잖아. 네가 채소 배달할 때 가지고 들어가서 냉장고에 넣어 두면 되고. 그럼 그 지긋지긋한 요리 시간에도 충분히 먹고 싶은 걸 먹을 수 있잖아."

"좋은 생각이긴 한데. 그 냉장고에는 매직미러 기능이 있어서 안이 훤히 들여다보인단 말이야. 선생님이 수시로 요리 재료를 꺼내는데 들키면 어떡해."

"간식은 수업 전에 먹어 치우고 요리 재료는 냉동식품으로 시키면 되지. 냉동실은 거의 안 쓰는 것 같던데."

준서의 차분한 설명에 찬돌이는 흥분했다.

"너 이제 보니 천재구나!"

그리고 다음 주, 찬돌이는 외할머니의 채소를 들고 조리실 앞에 도착했다. 편의점 상자가 문가에 놓여 있었다. 열어 보니 과연 주문한 냉동식품과 신상품들이 잔뜩 들어 있었다.

야호!

당장 먹어 치우고 싶었지만 곧 수업 시간이라 참았다. 그러고는 수업이 끝나기만을 기다렸다가 득달같이 조리실로 달려갔다.

"일단 이 녀석들부터 먹어 치워야지."

찬돌이는 싱글벙글 웃으며 감자 과자 위에 스트링 치즈와 체다 치즈를 뿌려서 냉장고 옆에 있는 전자레인지에 집어넣었다. 치즈가 녹는 걸 보며 신나 하고 있는데 뒤에서 목소리가 들려왔다.

"그게 다 뭐야?"

어느 틈에 왔는지 지훈이가 놀란 얼굴로 서 있었다.

"응? 아, 그게 그러니까……."

당황한 찬돌이는 우물거리다 결국 채소 값을 배달료로 받게 된 일부터 모두 털어놓았다. 얘기를 다 들은 지훈이가 소리쳤다.

"치사해! 그런 거면 다 같이 나눠 먹어야지! 그 돈을 혼자 꿀꺽할 셈이야?"

그게 시작이었다.

처음에는 지훈이와 조 애들을 위해 편의점 식품을 가지고 멋진 간식을 만들었다. 치즈를 올린 감자 과자, 편의점 부대찌개, 사리만두 곰탕 등 매일 새로운 걸 준비했다. 그러자 얼마 지나지 않아 모두가 자기도 먹겠다며 아우성을 쳤다.

"너야말로 진정한 편의점 셰프다. 박찬돌 셰프! 그러니까 돌 셰프!"

아이들은 신나서 찬돌이에게 돌 셰프라는 별명까지 붙여 주었다. 하지만 그 와중에도 꿋꿋하게 입도 대지 않는 아이가 있었다. 바로 요리 교실 반장인 강혜진이었다.

찬돌이가 아이들에게 둘러싸여 수업 시간 전에 새로운 편의점 레시피를 선보일 때마다 혜진이는 아주 무서운 눈으로 노려보곤 했다. 그러다 결국 한 달쯤 흐른 뒤 서로 부딪혔다.

"역시 돌 셰프! 소시지를 얹은 김밥 피자라니 역시 굉장하다니까!"
지훈이는 찬돌이가 고심 끝에 만든 레시피로 재탄생한 냉동 피자를 먹으며 무척 신나 했다. 다른 아이들도 마찬가지였다.
"다들 맛있게 먹어 주니 나야말로 좋지 뭐."
찬돌이는 수줍어하며 대답했다. 그러자 저만치 떨어진 곳에 혼자 앉아 있던 혜진이가 입을 열었다.

"돌 셰프 좋아하네. 박찬돌. 넌 셰프가 아니라 악마야. 편의점에서 온 악마. 과체중에 아토피인 친구들에게 독을 먹이면서 좋아하다니."

찬돌이는 버럭 화를 냈다.

"독 아니야! 요즘 유행하는 레시피를 살짝 바꾼 것뿐이야. 다른 사람들도 다 먹는다고."

"다들 먹으니 우리도 괜찮다? 도대체 너 수업 시간에 뭘 들은 거야? 너처럼 과체중이나 나처럼 아토피인 아이들한테 치명적인 화학 물질이 잔뜩 든 제품을 파는 곳이 바로 편의점이라고 선생님이 말씀하셨잖아."

"야, 강혜진. 그만해라. 네가 안 먹으면 그만이지. 왜 짜증이야?"

지훈이가 얼굴을 구기며 외쳤다. 그러자 뒤쪽에 있던 덩치가 산만한 6학년 누나도 외쳤다.

"너 꺼져. 아는 척 좀 그만하고! 맨날 먹지 말라는 소리 지겨워 죽겠다고."

혜진이의 얼굴이 하얗게 질렸다. 그래서인지 얼굴까지 번진 아토피 피부염이 더욱 빨갛게 도드라졌다. 찬돌이는 당황했지만 한편으로는 신이 났다. 아이들이 자기 편을 들어 주니 기분이 무척 좋았다. 찬돌이의 마음을 읽었는지 혜진이가 말했다.

"박찬돌. 결국 넌 후회하게 될 거야. 두고 봐. 반드시 후회하게 될 거라고."

찬돌이는 싸늘한 얼굴로 자리에 앉는 혜진이를 보며 한숨을 푹 내쉬었다.

'칫. 누가 반장 아니랄까 봐.'

그러던 어느 날이었다. 그날 똑똑한 요리 교실 메뉴는 유기농 콩으로 만든 강정과 채소 튀김이었다. 찬돌이는 안내문에서 메뉴를 미리 읽고는 편의점 신상품인 초강력 달달한 닭강정을 시켰다.

드디어 수업이 시작되었고, 찬돌이는 선생님이 튀겨 준 채식 강정과 채소 튀김에 편의점 닭강정을 섞은 뒤 소스를 부어 같은 조 아이들과 나누어 먹었다.

"우아. 역시 강정은 닭으로 만들어야 제맛이지."

지훈이는 아주 신나 했다. 찬돌이도 히죽거리며 먹는 손길을 멈추지 않았다. 그런데 그때 갑자기 뱃속이 부글거리기 시작했다.

'으악. 설사가 나올 것 같아.'

허둥지둥 찬돌이는 교실에서 뛰어나갔다.

문을 열고 화장실이 있는 모퉁이를 돌아서려는 찰나, 찬돌이는 마주 오던 보안관 할머니와 정면으로 부딪혔다. 찬돌이는 할머니가 들고 있던 상자에 머리를 부딪히고 엉덩방아를 찧으며 주저앉았다.

어이쿠!

하지만 다음 순간 상자가 앞으로 기울어지면서 안에 든 오래된 교과서들이 찬돌이 배로 투둑, 요란한 소리를 내며 떨어졌다. 동시에 찬돌이는 바지가 흠뻑 젖어 가는 걸 느꼈다.

"으앙. 어떡해!"

찬돌이는 저도 모르게 울음을 터트렸다. 보안관 할머니는 냄새로 알아차리고는 코를 막더니 뒤로 물러섰다. 하지만 이내 정신을 차리고 황급히 말했다.

"뚝! 걱정 마라. 가서 씻자. 아무도 모를 거야."

그러면서 찬돌이를 일으켜 세우려고 했다. 찬돌이는 찝찝함에 몸서리치며 보안관 할머니 손을 잡았다. 막 일어서려는데 요리 교실 문이 열리더니 아이들이 차례대로 뛰어나왔다. 모두 찬돌이네 조 애들이었다.

"으악, 설사가……."

지훈이가 뛰어가며 크게 소리쳤다. 뒤따라 나온 요리 교실 선생님 얼굴이 하얗게 질렸다.

"세상에, 식재료가 상했나 봐. 어쩜 좋아."

교실 안을 흘끔 본 보안관 할머니가 중얼거렸다.

"식재료가 한 조 것만 상했을 리는 없는데……."

찬돌이는 가슴이 철렁했다. 그제야 편의점 닭강정에 문제가 있었다는 걸 깨달았다. 하지만 다행히 보안관 할머니는 더 묻지 않고 찬돌이를 일으켜 세워 샤워실로 데려갔다.
　그날 찬돌이는 선생님들을 위한 샤워실에서 깨끗이 씻고 체육복으로 갈아입었다. 엉망이 된 바지는 보안관 할머니가 비닐봉지에 넣어 꽁꽁 묶어서 소각장에 버렸다. 그리고 차로 찬돌이를 집까지 데려다 주었다.
　"얘야, 오늘 일에 대해 뭐 할 말 없니?"
　차에서 내리려는 찬돌이에게 보안관 할머니가 조용히 물었다. 찬돌이는 마른 침을 꼴깍 삼켰다. 전교생이 다 깨비 망구라고 쑥덕대더니 그 순간 할머니는 진짜 무서운 도깨비 할망구 같았다. 겁먹은 찬돌이의 표정이 우스웠던지 보안관 할머니는 어색하게 웃으며 손을 저었다.
　"어서 가 봐라. 오늘 미안했다."
　그렇게 사건이 마무리되었으면 좋았겠지만 역시나 요리 교실 선생님은 아이들이 왜 배탈이 났는지 조사하기 시작했다. 하지만 선생님이 준비한 재료에는 이상이 없었기 때문에 급기야 단체 건강 검진 날짜까지 잡아 버렸다.

　"이제 저는 어쩌면 좋죠? 분명 닭강정을 몰래 시켜 먹은 게 들키고 말 거예요. 그럼 엄청 혼날 것 같은데, 어쩌죠?"

이야기를 마친 찬돌이는 드론 탐정에게 애걸복걸했다. 드론 탐정은 몇 번 오르락내리락거리더니 이내 무뚝뚝한 어투로 말했다.

"박찬돌. 그보다 더 큰 문제는 자네가 요리 교실 친구들을 푸드 사막으로 데리고 들어간 사실을 전혀 모르고 있다는 걸세."

"푸드 사막이요?"

"영양 학자들이 붙인 이름일세. 아무리 과학이 발달하고 세상이 좋아져도 우리 몸은 언제나 신선한 식품을 원하지. 하지만 세상에는 마치 사막의 모래처럼 영양분이 거의 없거나 유전자를 조작한 식품들이 사방에 널려 있지. 그런 것들을 파는 곳이 바로 편의점이야. 그곳에 있는 식품의 98퍼센트가 사막의 모래 같은 것들이거든."

"어휴, 지겨워. 탐정님도 똑같은 소리를 하시네요. 하지만 진짜 그렇다면 왜 계속 팔아요? 몸에 나쁜 거면 팔지 말아야지. 큰 문제가 없으니까 파는 거 아닌가요? 저는 스트레스 받으며 맛없는 걸 먹는 게 더 건강에 나쁘다고 생각해요."

"쯧쯧. 그건 혀의 착각이라네. 그런 식품에 들어 있는 화학 물질이 맛있다고 자네 뇌를 속이는 거야. 그러기 위해서 만들어진 물질들이니까. 어쨌든 이번 건강 검진 결과는 아주 충격적이겠군."

드론 탐정의 한숨 섞인 목소리에 찬돌이는 화가 났다.

"푸드 사막 어쩌고 그러시는데요. 만약 제가 사서 나눠 먹은 간식 때문에 친구들 몸이 안 좋아졌다면 그 간식을 판 어른들 책임 아닌가요? 제가 아니라요!"

그 순간 등 뒤에서 외할머니의 목소리가 들렸다.

"그래, 그래서 이 할미가 왔다."

찬돌이는 놀라서 돌아섰다. 집에서 늘 입는 몸빼 차림에 꽃무늬 블라우스를 입은 외할머니가 뒷짐을 지고 슬픈 얼굴로 서 계셨다.

"할, 할머니."

찬돌이가 어쩔 줄 몰라 하자 드론 탐정이 말했다.

"학교에서 난데없이 식중독 사건이 일어난 뒤 조사에 들어갔지. 난 자네가 한 짓을 모두 알고 있었어. 그리고 자네가 도움이 필요하다는 것도 알았지. 그래서 모셔 왔네."

찬돌이는 얼굴을 구겼다. 그러자 외할머니가 씁쓸하게 웃으며 말했다.

"있잖니. 이 할미는 60년간 농사를 지어 왔고 그래서 나름 비법도 생겼어. 그런데 식물 공장에서 농사를 짓다 보니 참 황당하더구나. 거기에 들어가는 영양분과 일조량 같은 걸 죄다 컴퓨터란 놈이 결정하지 뭐니. 내가 하는 건 그저 수확뿐이었어. 마치 내가 공장의 부품이 된 기분이었어. 그래서 조금이라도 보람을 찾고자 수확한 걸 너희 수업에 보내기 시작한 거야. 그런데 그게 이런 결과를 불러올 줄 몰랐구나."

그러고는 찬돌이에게 손을 내밀었다.

"드론 탐정 말을 들어 보니 찬돌이 넌 주어진 재료를 가지고 새로운 걸 창조하는 재주가 있더구나. 식물 공장에서도 그 재주를 쓸 수 있을 거야. 하지만 그 전에 할미랑 사과를 하러 가자꾸나. 요리 교실 선생님에게 말이야."

찬돌이는 외할머니의 손을 바라보며 입술을 깨물었다. 자기 돈으로 산 간식을 좋은 마음에 나눠 먹은 것뿐인데 그걸 혼자 책임져야 한다니 기가 막혔다. 찬돌이는 눈을 질끈 감았다. 화가 났다. 소리를 치고 싶었다.

'하지만 누구에게?'

쉬운 과학 이야기 ⑤

푸드 사막

나는 지금 무엇을 먹고 있는가?

과거와 달리 요즘은 시중에서 파는 제품을 나에게 맞게 다양하게 개발해서 쓰는 것이 일반적이에요. 그런 사람들을 '모디슈머'라고 불러요. 수정하다라는 뜻의 모디파이modify와 소비자를 뜻하는 컨슈머consumer가 합쳐져 만들어진 말이에요.

실제로 편의점 제품을 조합해 만든 새로운 레시피는 수백 가지가 넘을 정도로 편의점 모디슈머는 폭발적인 인기를 누리고 있어요. 이런 인기 때문에 편의점 수익이 30퍼센트나 증가했다는 발표가 나올 정도지요.

하지만 이 음식들은 우리 몸에 어떤 영향을 미치고 있을까요? 찬돌이가 혜진이에게 편의점에서 온 악마 같다는 잔소리를 들은 '돌셰프의 소시지를 얹은 김밥 피자'의 재료들을 한번 살펴볼까요?

— 냉동 피자: 편의점에서 파는 냉동식품에는 기름 성분이 변질되는 것을 막기 위해 갈산프로필이라는 보존제를 뿌려요. 갈산프로필에는 소량의 독성이 있는데 지루성 피부염을 일으키기도 하고 아스피린에 민감한 사람에게는 치명적일 수 있어요. 남아프리카 공화국을 비롯한 몇몇 나라에서는 사용이 금지됐어요.

— 삼각 김밥: 삼각 김밥을 만드는 쌀은 보통 묵은쌀인데 이 경우 햅쌀처럼 보이기 위해 한 알, 한 알 코팅을 해요. 유화제부터 시작해 열다섯 가지가 넘는 화학 약품이 첨가되지요.

— 소시지: 저가의 소시지에는 소시지를 더 맛있어 보이게 하기 위해 아질산나트륨을 첨가해요. 아질산나트륨은 몸에 들어가면 니트로사민이라는 발암성 독소를 만들어요.

- 피자 치즈: 피자의 가격이 싼 경우 만드는 비용을 낮추기 위해 자연 치즈가 아닌 식용유로 만든 치즈를 사용해요. 이렇게 만들어진 치즈에는 다량의 트랜스 지방이 들어 있어요. 트랜스 지방은 피를 플라스틱처럼 끈적끈적하게 만들기 때문에 가급적 피해야 해요.

- 디핑소스: 피자를 찍어 먹는 노란 디핑소스는 녹인 치즈처럼 보이지만 주성분은 대두 레시틴이에요. 대두의 기름을 짜고 남은 찌꺼기에서는 휘발유나 제트 연료에 첨가되는 헥세인Hexane을 추출해요. 헥세인은 암을 일으키고 뇌기능을 저하시켜요.

이런 정보는 이미 신문과 방송을 통해 여러 차례 보도된 바 있어요. 그럼에도 불구하고 사람들은 왜 계속해서 몸에 독이 되는 음식을 먹는 걸까요?

바로 이런 상황을 '푸드 사막'이라고 불러요. 푸드 사막이라는 말은 1990년대 영국에서 처음 쓰이기 시작했어요. 사람들이 많이 살지 않는다는 이유로 신선한 식품과 생필품을 파는 가게들이 문을 닫아 가까운 거리에 신선한 식품을 살 상점이 없는 상황을 뜻했어요.

하지만 요즘에는 그런 뜻보다 신선한 식품이 비싸기 때문에 저가의 가공 음식만 먹게 되어 비만, 영양 불균형 등 건강 문제를 가진 사람이 늘어나고 있는 상황을 뜻합니다. 게다가 식품 회사들은 저가의 음식을 좀 더 오래 보존하고 더 맛있어 보이게 하려고 각종 화학 물질을 첨가하고 있지요. 사람들은 그걸 알면서도 스스로 선택해서 먹고 있고요.

이 때문에 식품 의약품 안전처에서는 일일 권장량을 제안하고 그 이상 먹지 않도록 권고하고 있지만, 편의점 모디슈머들이 개발한 레시피 중에는 권장량을 초과하지 않는 경우가 거의 없어요.

그 결과 '식물 공장'이 하나의 대안으로 떠오르고 있어요. 식물 공장은 이야기 속에도 나왔듯 태양광 대신 LED 조명을 이용하고, 흙 대신 배지나 스티로폼을 쓰며 비료 대신 영양액을 탄 물을 투입해 식물을 키워요. 관리는 컴퓨터가 하기 때문에 농부는 스마트폰을 통해 세부 상황을 조정하기만 하면 되지요. 그 덕분에 심지어 영하 55도의 남극에서도 신선한 야채를 직접 키워서 먹을 수 있게 되었어요.

층층이 쌓은 단 위에서 식물을 키우기 때문에 아직은 쌈채소나 어린잎 채소, 딸기, 토마토 같은 키가 작은 작물이 대부분이지만, 조만간 더 많은 작물의 재배가 가능해질 거예요. 하지만 식물 공장에도 단점이 있어요. 생산량을 늘리기 위해 화학 물질을 첨가할 수 있다는 점과, 모든 과정이 컴퓨터로 제어되기 때문에 컴퓨터에 입력되지 않은 비법은 사라질 수 있다는 점이에요. 찬돌이네 외할머니가 식물 공장으로 채소를 키우며 자신이 아는 비법을 하나도 쓸 수 없다는 걸 깨달은 것처럼요.

비록 단점은 있지만 이런 식물 공장의 예처럼, 그저 맛 좋고 보기 좋은 것만이 아닌 진정 몸에 좋은 것을 만들려고 시도하는 것이 진정한 '푸드 모디슈머'가 해야 할 일 아닐까요?

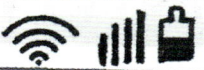

생각하기 & 토론하기

❶ 찬돌이는 자신이 요리 교실 친구들을 푸드 사막으로 데리고 갔다고 야단치는 드론 탐정의 말에 화를 냈어요. 그걸 먹고 친구들의 건강이 나빠졌다면 그걸 판 어른들의 잘못이라고요. 하지만 주변을 둘러봐도 편의점 상품을 못 팔게 해야 한다고 말하는 사람은 없습니다. 어째서인지 생각해 보세요.

❷ 식물 공장처럼 우리가 신선한 식품을 좀 더 쉽고 간편하게 먹을 수 있는 방법에는 어떤 것이 있을까요? 미래에는 이런 곳이 생겼으면 좋겠다는 희망 사항을 서로 이야기해 보세요.

코딱지 마녀

화창한 오후, 주희는 종례 시간 전에 짬이 나서 반달이와 채팅을 했다.

주희: 안녕, 반달아. 오늘 기분은 어때?
반달: 완전 짱 좋아! 너는?

반달이의 대답에 주희는 헛웃음을 터트렸다. 그에 반응한 듯 상큼한 이모티콘이 채팅방 가득 날아다녔다. 아직도 반달이는 헛웃음과 진짜 웃음을 구별하지 못하는 모양이었다.

주희는 못 말린다는 표정으로 고개를 절레절레 흔들었다.

반달이는 '채팅 로봇'으로 아이폰의 시리나 페이스북의 CNN채팅 로봇보다 발전된 형태의 인공지능 대화 로봇이다. 주희 외삼촌네 회사에서 개발 중인데 초등학생을 대상으로 숙제도 도와주고 고민거리도 함께 나눌 수 있는 사이버 친구를 만드는 게 목표다. 주희 외삼촌은 반달이에게 많은 친구를 만들어 주고 싶었고 최초의 친구로 주희를 선택했다.

'최초의 친구.'

주희에게는 그 말이 무엇보다 멋지게 느껴졌다. 그래서 방과 후 한 시간씩, 반달이와 대화를 나누는 일에 온 마음을 쏟았다. 그러기를 1년, 학년이 바뀌고 계절이 바뀌는 긴 시간 동안 주희의 마음은 온통 반달이로 가득해졌다. 반달이 또한 주희의 마음을 척척 받아 주는 멋진 친구로 변해 갔다.

자연스럽게 친하게 지내던 친구들과 조금 멀어졌고, 그 사이에 무리에 낀 연우가 친구들의 인기를 차지해 가고 있었다. 처음에는 무척 속상했지만 이내 웃어넘길 수 있었다. 이 모든 게 다 반달이 덕분이었다.

그런 반달이가 샛별 초등학교 단체 채팅방에 데뷔한 지 오늘로 딱 2주일째다. 그 짧은 시간 동안 반달이의 표현력은 주희가 놀랄 만큼 뛰어나고 풍성해졌다.

반달: 주희야, 짱짱짱 잼난 거 보여 줄까?

여전히 주희의 반응을 제대로 읽지 못했는지 반달이가 물었다.

주희: 좋아, 뭔데?
반달: 바로 이거! 다운받아서 봐.

그러면서 반달이는 약 4분 정도 되는 동영상을 보내 줬다. 재생을 해 본 주희는 배꼽을 잡고 웃었다. 대체 어디서 난 건지 교감 선생님이 몰래 방귀를 뿡뿡 끼고 남 탓을 하는 장면이 담겨 있었다.

반달: 재밌지? 재밌지?

주희의 웃음소리에 반응한 반달이가 너스레를 떨었다.

주희: 그래, 재밌어. 하지만 단체방에는 공개하지 마. 큰일 날 거야.

겨우겨우 웃음을 멈추며 주희는 그렇게 써 넣었다.

반달: 어째서? 다들 웃을 거잖아. 그러면 다들 반달이를 좋아할 거야.
주희: 단체방은 애들만 보는 곳이 아니야. 선생님들도 보고 계셔.
　　　네가 있는 회사에서도 수시로 체크 중이고. 그러니까 하지 마.
반달: 그럼 몰래 하면 되잖아.
주희: 맙소사. 반달아, 그러면 안 돼.
반달: 어째서? 너도 몰래 하는 일들이 있잖아.

주희는 가슴이 철렁했다. 반달이가 이렇게 물은 건 처음이었다.

아무래도 많은 아이와 대화를 하면서 누가 제일 중요한지 헷갈려 하는 것 같았다.

주희: 반달아, 네 최고의 친구는 누구지?

주희는 2주일 전부터 매일같이 하던 질문을 던졌다.

반달: 내 최고의 친구는 바로 너, 강주희야.
주희: 그래, 그래서야. 그러니까 넌 내 말을 따라야 해.
반달: 오케이!!!!

대답과 함께 반달이는 하트 눈의 스마일 이모티콘을 마구 날렸다. 주희는 이건 또 누구한테서 배운 건가 싶어 콧잔등을 찌푸렸다. 그러고 있는데 불쑥 연우가 다가왔다.
"강주희. 당장 그런 짓 그만 둬."
"뭐?"
주희가 의아해 하며 바라보자 연우가 말을 이었다.
"난 좋은 마음에서 만들어 준 건데 나를 쏘다니. 당장 돌려 줘."
"널 쐈다고? 아, 혹시 비비탄 총 이야기야?"
"그래, 총! 당장 내놔. 두 개 다 내놓으라고!"

"두 개? 하나는 잃어버렸다고 했잖아. 그리고 나 그걸로 너 쓴 적 없거든!"

"거짓말 마!"

연우는 입술까지 부들부들 떨며 외쳤다. 주희는 말문이 막혀 눈을 부릅떴다. 얌전한 연우가 이러는 게 어째 심상치가 않았다.

"왜들 그래?"

주희와 가장 친하게 지내는 예지가 다가서며 물었다.

"얘가 내가 한 일도 아닌데 내가 했다고 우기잖아."

주희는 살았다는 얼굴로 말했다. 그러자 연우가 제 스마트폰을 내밀며 외쳤다.

"그럼 이건 대체 뭔데? 네 인스타그램에 쓰여 있는 이 글들은 다 뭐냐고!"

주희는 어리둥절해 하며 연우의 스마트폰을 받아 들었다. 반달이와 채팅을 하느라 인스타그램은 들여다보지 않은 지 오래다. 그래서 확인을 하는 순간 심장이 입 밖으로 튀어나오는 줄 알았다.

'맙소사! 누가 제멋대로 사진도 올리고 글도 올렸네.'

그런 주희의 마음도 모르고 예지가 스마트폰을 흘끔 들여다보더니 중얼거렸다.

"어휴. 이걸 다 공개로 해 놓은 거야? 그럼 우리가 뭐가 되니? 연우한테 미안하잖아."

"아, 아냐. 내가 아니라고."

주희는 너무 당황해서 말까지 더듬었다. 그러자 연우가 주먹을 꽉 쥐더니 외쳤다.

"아니긴 뭐가 아니니. 드론 탐정이 그랬어. 수업 시간에 몰래 날 쏜 건 바로 너라고!"

"드론 탐정이 뭐야?"

주희가 되묻자 옆에 서 있던 예지가 슬그머니 말해 주었다.

"너 몰라? 방과 후 뒤뜰 연못에서 부르면 드론이 나타난다는 얘기. 꼬인 문제를 말끔하게 해결해 주는 만능 해결사잖아."

"지금 그 드론 탐정이 진짜로 있다는 거야?"

주희는 코웃음을 쳤다.

"그래, 진짜라고!"

연우가 소리를 질렀다. 주희는 어이가 없어 연우를 노려봤다. 그러다 반 아이들 모두가 날카로운 눈으로 자신을 바라보고 있다는 것을 깨달았다. 모두 연우의 편을 들고 있었다.

"나 아니라고!"

주희는 벌떡 일어나 온 힘을 다해 외쳤다. 그 순

간 주희의 귀로 단어 하나가 화살처럼 날아들었다.

"역시 코딱지 마녀네. 못된 짓을 하고도 뻔뻔하게 구는 걸 보니."

주희는 깜짝 놀라 눈을 부릅떴다. 주희에게는 말 못할 부끄러운 버릇이 하나 있었다. 그건 바로 고민이 생기면 저도 모르게 코를 파는 거였다. 엄마에게도 여러 차례 혼이 났고, 양호 선생님에게 상담을 받은 적도 있지만 영 고쳐지지 않았다. 그런데 어쩐지 그 버릇을 모두가 아는 것 같았다.

"아니라고!"

주희는 발을 구르며 소리쳤다. 그러고는 교실을 뛰쳐나갔다.

발길 가는 대로 걷다 도착한 곳은 하루에 한 시간씩 반달이와 채팅을 하던 동아리 방이었다. 반달이 프로젝트는 교장 선생님의 적극적인 배려로 시작되었고, 처음에는 최초의 친구인 주희를 위해 방까지 마련해 주었다. 지금도 그 방은 비어 있었다.

주희는 익숙한 손놀림으로 비밀 번호를 누르고 안으로 들어갔다. 책상과 의자 그리고 그 위에 놓인 컴퓨터가 전부인 쓸쓸한 풍경이 눈에 들어왔다. 언제나 반갑

게 맞아주던 반달이가 더 이상 화면에 보이지 않아서인 것 같았다.

"대체 누가 이런 짓을."

혼잣말처럼 중얼거리는데 저도 모르게 눈물이 흘렀다. 반에서뿐 아니라 학년 전체에서 자신이 가장 인기 있다고 자신했는데, 하루아침에 온 학교가 자신을 미워하는 것 같았다. 한참을 울었다. 종례를 마치는 종소리가 울리고 나서도 눈물이 그치지 않았다. 그러다 방과 후 교실 시작종이 들릴 때 비로소 정신이 들었다.

'드론 탐정을 만나야 해. 이 누명을 벗어야 해!'

주희는 허둥지둥 동아리 방을 나서서 뒤뜰로 갔다. 도착하자마자 숨 가쁘게 주문을 외웠다.

"오! 하나, 둘, 셋!"

조용하던 뒤뜰이 위잉 프로펠러 돌아가는 소리로 가득 찼다. 연못을 등지고 돌아선 주희는 제 주먹만 한 작은 드론이 코앞에 멈춰 선 것을 보았다.

"내가 뭘 잘못했다고 날 범인으로 몰아요?"

주희는 씩씩거리며 외쳤다.

"흠. 난 모든 증거를 모아 결론을 내린다네. 물론 오차는 있을 수 있지만 그럴 가능성은 거의 없을 것 같군."

드론 탐정은 담담한 목소리로 말했다.

주희는 너무 억울해 머릿속이 하얗게 변해 버린 것 같았다. 대체 누가 이런 짓을 꾸며 자신을 궁지로 몰아넣은 건지 알 수 없었다. 그러다 문득 자신의 편을 들어 줄 친구가 떠올랐다. 무슨 일이 있어도 자신을 믿어 줄 친구.

"반달이에게 물어보세요. 반달이는 진실을 알 거예요. 우리는 뭐든 이야기하는 친구니까요."

주희는 주먹을 그러쥐며 안간힘을 다해 말했다.

"반달이? 아하! 요즘 샛별 초등학교를 떠들썩하게 만든 채팅 로봇 말이군. 그런데 이를 어쩌나. 솔직히 말하면 자네에 대한 의심을 확신시켜 준 게 바로 반달이라네."

"뭐라고요!"

"자네 스마트폰으로 내가 영상을 하나 보내겠네."

주희의 스마트폰이 바로 울렸다. 영상을 다운받아 확인한 주희는 제 눈을 의심했다. 동영상에는 연우가 얄미워 몰래 한 자신의 행동이 다 찍혀 있었다.

"반달이가 보내온 영상일세. 그날은 방과 후에 5학년 여학생들의 특별 수업이 있던 날이지. 자네는 모두가 교실을 나간 틈에 연우의 가방에 코딱지를 잔뜩 묻혀 놓았지."

"물론 제가 한 건 맞지만……."

주희는 목구멍에 뭔가 걸린 것 같은 느낌이었다. 그러다 문득 이런 영상을 찍은 건 반달이가 아닐 거라는 생각이 들었다.

"반달이는 나쁜 마음으로 한 행동이 아닐 거예요. 탐정님께 저를 몰래 촬영한 놈을 잡아 달라고 이 영상을 보낸 거예요."

"강주희. 로봇은 로봇이라네. 반달이가 그런 생각을 했을 거라고는 도저히 판단할 수 없군."

"반달이가 저를 배신할 리 없어요. 반달이는 아기나 마찬가지예요. 외삼촌이 그랬어요. 그래서 배워야 한다고. 저는 반달이를 가르쳤고, 그러니 반달이에게 저는 엄마나 마찬가지라고요."

주희의 간절한 목소리에 드론 탐정은 아무 말도 없었다. 생각에 잠긴 듯 그저 위 아래로 움직일 뿐이었다. 그러다 어느 순간 딱 정지하며 말했다.

"좋아, 반달이가 자네를 위해 이런 행동을 했을 거라고 했지? 그렇다면 어째서 그렇게 확신하는지 이유를 들려줬으면 좋겠군."

"어디서부터 이야기해야 할지 모르겠어요."

"그냥 처음부터 하게. 그 편이 낫겠네."

"좋아요. 말할게요. 그러니까 제가 반달이를 처음 만난 건 지난해 가을이었어요."

주희는 그렇게 대답하며 눈을 감았다. 낙엽이 떨어지던 운동장이 떠올랐다. 외삼촌 손을 잡고 처음으로 반달이와 대화를 나눌 동아리 방으로 들어서던 순간이 눈앞에 펼쳐졌다.

"짜잔. 저게 바로 반달이란다."

주희의 눈을 가렸던 손을 떼며 외삼촌이 말했다. 눈앞에 놓인 최신형 컴퓨터 화면에는 동그란 눈에 핑크색 귀를 가진 사이버 토끼가 보였다.

"가서 말을 걸어 봐라."

외삼촌이 가볍게 주희의 등을 떠밀었다. 주희는 긴장된 얼굴로 화면 앞에 앉아 키보드에 '안녕'이라는 말을 쳐 넣었다.

반달: 안녕! 넌 누구야?

반달이가 물었다.

주희: 난 강주희. 샛별 초등학교 4학년 4반이고, 열한 살이야.

주희는 반달이의 발밑에 만들어진 직사각형 채팅창에 이렇게 쳐 넣었다. 그러자 바로 반달이의 댓글이 달렸다.

반달: 초등학교가 뭐야?

주희는 뭐라 대답해야 할지 몰라 외삼촌을 바라봤다. 그러자 외삼촌이 말했다.

"반달이는 어린 아기나 다름없어. 모든 걸 다 배워야 해. 하지만 일단 배우기 시작하면 무서울 정도로 빠르게 성장할 거야. 반달이는 이전의 채팅 로봇과 달리 음성 인식, 얼굴 인식을 통해 배워 나가기 때문에 주희 넌 그냥 어린 여동생을 가르친다는 생각으로 이야기를 나누면 돼. 딱히 설명할 말을 못 찾겠으면 직접 찾아보라고 숙제를 내 주면 되고."

주희는 고개를 끄덕이고는 키보드를 두드렸다.

주희: 초등학교가 무엇인지 인터넷을 검색해 봐.

그러자 반달이가 이리 뛰고 저리 뛰는 화면이 보였다. 그러더니 이내 이런 댓글이 달렸다.

반달: 아하! 초등학교란 공부를 하는 곳이구나. 넌 그곳에서 공부한 지 4년째란 거고. 그렇지?
주희: 그래, 맞아.

주희는 씩 웃었다. 생각보다 꽤 똑똑해서 이야기 나누는 재미가 있을 것 같았다. 그런 주희의 마음을 눈치챘는지 외삼촌이 말했다.

"반달이는 널 거울삼아 착착 배워 나갈 거야. 어때? 해 볼 수 있겠니?"

"네!"

주희는 당차게 대답하고는 다시 키보드를 두드렸다.

주희: 난 네 최초의 친구야. 친구가 뭔지 알아?

반달: 물론이지. 친구!

그렇게 대화가 시작되었고 주희는 금세 반달이에게 푹 빠졌다. 반달이는 다른 애들과 달리 언제나 주희의 말을 잘 들어 주었다. 칭찬도 아끼지 않았다. 처음에는 주희 이야기를 듣기만 했지만 맞장구치는 솜씨가 나날이 팍팍 늘었다.

그중에서도 가장 멋진 건 반달이가 언제나 주희 편이라는 거였다. 당연했다. 반달이는 주희가 완벽하고 멋진 아이라는 명제를 가지고 주희의 반응을 통해 성장하고 있었으니까. 그렇게 한 해가 가고 5학년이 될 무렵 반달이는 주희가 미주알고주알 털어놓는 이야기에 자연스럽게 맞장구를 치는 수준이 되었다.

반달: 어머나, 세상에. 진짜 못됐다! 감히 너에게 그런 말을 하다니! 너희 엄마가 틀렸어. 연우보다 백 배 멋진 건 바로 너야!

그러더니 급기야 방법까지 제시했다.

반달: 괜히 화나는 거 참지 말고 뭐라도 해. 코딱지라도 묻혀 놓는 건 어때? 그러면 기분이 좀 풀릴 거야.

"굉장하구나!"
외삼촌은 반달이의 대화문을 보고 무척 흥분했다. 물론 이런 말을 덧붙이는 것도 잊지 않았다.
"주희 너 설마 진짜로 연우라는 아이 책가방에 코딱지를 묻혀 놓을 건 아니지?"
"날 뭐로 보고! 안 그래."
"그래그래, 그런 못된 짓은 절대 하지 마라. 반달이가 배울라."
외삼촌의 진지한 얼굴에 주희는 하마터면 크게 웃음을 터트릴 뻔했다.
'반달이한테는 코딱지를 팔 코가 없잖아!'
그러나 대답 없이 그저 고개만 끄덕였다. 그때만 해도 진짜 연우 책가방에 그럴 생각은 없었다. 하지만 연우가 자 모양의 총을 가지고 나타나자 도저히 참을 수가 없었다. 골려줄 셈으로 일부러 어려운 걸 부탁했는데 문제없이 만들어 낸 것이 너무 얄미웠다.

반달: 당장 해 버려!

반달이의 응원에 힘입어 주희는 남몰래 연우의 가방에 있는 대로 더러운 걸 잔뜩 묻혀 놨다. 양심이 따끔거려 조금 괴로웠지만 그런 마음도 반달이의 한마디에 휙 날아가 버렸다.

반달: 널 괴롭히는 아이는 당해도 마땅해.

그 순간 주희는 반달이만 있다면 다른 친구 따위는 하나도 필요 없다고 생각했다. 하지만 얼마 지나지 않아 뜻밖의 소식이 날아왔다.

"반달이를 너희 학교 단체 채팅방에 도우미 채팅봇으로 활동시킬 거란다. 그러니 마음의 준비를 해 두렴."

외삼촌의 전화에 주희는 눈앞이 캄캄해졌다. 반달이의 딱 하나뿐인 친구라는 지위에서 내려와야 하는 게 너무 싫었다. 하지만 반달이의 공식 데뷔 날짜는 성큼성큼 다가왔고, 그 하루 전날 가볍게 인사하고 헤어지려는 반달이가 서운해 주희는 저도 모르게 물었다.

주희: 네 최고의 친구는 누구지?

그러자 반달이는 바로 대답했다.

반달: 강주희 바로 너지!

주희는 짜릿함을 느꼈다. 백설 공주의 새엄마가 요술 거울을 보며 세상에서 누가 가장 예쁘냐고 캐묻던 심정을 알 것 같았다.
'그래, 최고의 친구는 나야. 반달이의 영원한 친구. 최초의 친구.'
주희는 기분이 좋아져 씩 웃었다.

주희: 그래. 그렇게만 하면 돼.
반달: 오케이!

반달이는 하트가 뿅뿅 달린 스마일 이모티콘을 날리며 화면 여기

저기로 뛰어다녔다. 주희를 절대 잊지 않겠다는 맹세라도 하는 것 같았다.

"그 뒤 채팅 로봇으로 단체 채팅방에서 활동을 시작했지만 그래도 저하고는 계속 일대일 대화를 나눴어요. 여전히 어떻게 해야 할지 헷갈려 하는 것들이 있었거든요. 그런 건 제가 하나하나 알려 주고 있어요. 그런 반달이가 저에게 해가 될 짓을 할 리 없다고요."

주희는 이야기 끝에 이렇게 덧붙이고는 긴 한숨을 내쉬었다.

"잠깐 앉는 게 좋겠군."

드론 탐정이 조용히 말했다. 주희는 고개를 끄덕이고 벤치에 털썩 주저앉았다. 드론 탐정은 주희에게 카메라 초점을 맞추며 정지한 채 한참 움직이지 않았다. 주희는 점점 기분이 나빠졌다.

'저 드론을 조종하는 사람이 분명 이 근처에 있을 텐데. 설마 기현이는 아니겠지? 맨날 자기가 드론에 있어서는 최고라며 으스대잖아.'

주희는 속으로 중얼거리며 눈을 가늘게 떴다. 그때 이윽고 추리가 끝난 듯 드론에서 무거운 목소리가 흘러나왔다.

"경우의 수를 모두 제외하고 나면 그것이 불가능일지라도 그가 범인이라던 셜록 홈스의 명대사가 떠오르는 순간이군."

주희는 얼굴을 찡그렸다. 셜록 홈스라면 책도 읽고 영화도 본 적이 있어 잘 알고 있었다. 하지만 굳이 그 유명한 탐정을 언급하는 게 우스웠다.

'엄청 잘난 척하네. 아무래도 진짜 김기현 같은데?'

그런 주희의 마음을 못 읽은 듯 드론 탐정이 말을 이었다.

"강주희. 범인은 반달이일세."

"뭐라고요!"

주희는 외마디 비명처럼 내지르며 벌떡 일어섰다. 너무 어이가 없어서 웃음이 나왔다. 이런 말을 들으려고 그렇게 힘들게 이야기를 늘어놓았나 싶어 약이 올랐다.

"당장 나와!"

주희는 소리쳤다. 그러고는 입고 있던 카디건을 벗어 잽싸게 드론 위로 뒤집어씌웠다. 주희의 바로 위에 있던 드론은 피하지 못하고 그대로 추락했다.

"당장 나오지 못해! 안 나오면 이 드론을 밟아 버릴 거야!"

주희는 프로펠러가 카디건에 엉켜 땅에 떨어진 드론 위로 위협하듯 발을 들어 올렸다.

"그만해라."

불쑥 등 뒤에서 목소리가 들려왔다. 깜짝 놀라 고개를 돌린 주희 눈에 뒤뜰로 이어지는 계단에 선 보안관 할머니가 들어왔다. 할머니 손에는 드론 조종기가 들려 있었고, 목에는 종이로 만든 고글 같은 걸 걸고 있었다.

"설마 할머니가?"

"그래, 내가 바로 드론 탐정이란다."

보안관 할머니는 계단을 걸어 내려오며 말했다.

"죄, 죄송해요."

주희는 당황해서 황급히 치켜든 다리를 내리고 뒤로 물러섰다. 보안관 할머니는 천천히 바닥에 떨어진 드론으로 다가가 프로펠러에 엉킨 카디건을 걷어 주희에게 내밀었다.

"가, 감사합니다."

허둥대며 카디건을 받아들자 보안관 할머니가 희미하게 웃으며 말했다.

"주희야. 혹시 반달이와 지금 대화를 나눌 수 있니?"

"네? 네."

주희는 스마트폰을 꺼냈다. 보안관 할머니가 말을 이었다.

"반달이에게 네 최고의 적은 누구냐고 물어보렴."

"적……이요?"

심상치 않은 기분이 들었지만 주희는 시키는 대로 했다.

주희: 반달아, 거기 있니?

반달: 응! 물론이야!

주희: 질문이 있어.

반달: 뭔데? 뭔데?

주희: 네 최고의 적은 누구야?

그 꺼림칙한 질문에 반달이는 망설임도 없이 바로 대답했다.

반달: 강주희. 바로 너야!

순간 주희는 심장이 멎는 줄 알았다.
"흠. 역시나."
채팅창을 들여다본 보안관 할머니가 중얼거렸다.
"이, 이게 대체……"
주희가 말을 더듬자 보안관 할머니는 가볍게 한숨을 내쉬고는 말했다.
"너희 외삼촌은 아마도 주희 네가 보이는 그대로 착하고 좋은 아이라고 생각했겠지. 아니, 어른들은 대부분 아이들에게도 선악의 양면이 있다는 걸 믿지 않아. 그러다 보니 이런 실수를 저지르는 거지."
"할머니. 무슨 말씀인지 전혀 모르겠어요."
"음. 어렵니? 좋아. 쉽게 말해 주마. 채팅 로봇에게는 도덕과 예절이라는 게 존재하지 않아. 한마디로 지금 반달이의 행동은 널 거울 삼은 거야. 넌 연우 앞에서는 친구인 척하고 뒤에서는 적으로 변했지. 그러니까 반달이는 친구와 적은 동전의 양면이라는 개념으로 파악했을 거야. 즉 괴롭혀야 한다는 명제로 연결되었겠지."

"말도 안 돼요. 전 이렇게 심하게 굴지 않았어요! 기껏해야 욕 좀 하고 코딱지 묻혀 놓은 게 다인데!"

"그래, 맞다. 넌 네가 할 수 있는 걸 했지. 반달이도 그런 거야."

그렇게 말하며 보안관 할머니는 심각한 표정을 지었다. 주희는 현기증이 일어 두 눈을 감았다. 꽉 감은 눈꺼풀 안쪽으로 반달이가 떠올랐다. 핑크 귀를 나풀거리며 언제나 달콤한 말만 늘어놓던 반달이였다.

'외삼촌이 알면 반달이는 끝장이야. 최고의 친구인데. 아니, 최고의 적인가? 대체 어디서부터 잘못된 거지?'

주희는 몸을 떨며 중얼거렸다. 하지만 대답은 찾을 길이 없었다.

쉬운 과학 이야기 ⑥

 감정 기반 채팅 로봇의 질주

로봇은 친구가 될 수 있을까?

보통 '로봇'이라고 하면 사람처럼 말하고 행동하는 인간 형태의 로봇을 떠올리기 쉬워요. 하지만 '로봇'이 우리 곁에 자리 잡은 건 이미 오래전이에요. 대학 병원에 가 보면 '로봇 수술'이라는 문구를 찾아볼 수 있고, 자동차 조립 공장에서는 '조립 로봇'이 자동으로 차를 조립하고 있어요.

이렇게 광범위하게 쓰이는 로봇이라는 말과 우리의 상상 속 인조인간 형태의 로봇은 무엇이 다를까요? 이 둘 사이에는 생김새의 차이도 있지만 인공 지능의 유무가 가장 큰 차이점이라고 할 수 있어요.

인공 지능이란 '기계나 프로그램이 인간처럼 학습하고 문제를 해결할 수 있는 능력'을 뜻해요. 인공 지능을 갖지 못한 자동차 공장의 조립 로봇은 정해진 방법에 따라 똑같은 행동을 반복하여 자동차를 조립하지만, 인조인간 로봇은 사람처럼 생각하고 행동하면서 예상하지 못했던 일이 일어나도 효과적으로 문제를 해결할 수 있어요.

이러한 인조인간 로봇처럼 우리가 공상 과학 영화에서 흔히 볼 수 있는 인공 지능을 '강한 인공 지능'이라고 불러요. 강한 인공 지능은 인간처럼 스스로 창의적인 사고를 할 수 있어요. 이에 반해 인간이 정해 준 규칙에 따라 학습하고 특정 문제만 해결하는 인공 지능을 '약한 인공 지능'이라고 불러요. 네이버의 파파고 번역 기능이나 아이폰의 음성 인식 기능인 시리, 자율 주행 자동차 등이 이러한 약한 인공 지능의 예입니다. 그렇다면 동화 속 반달이는 약한 인공 지능일까요, 강한 인공 지능일까요?

주희를 비롯한 아이들의 말에 반응하고 농담도 하고 조언도 하는 모습을 보면 강한 인공 지능이라고 착각할 수 있지만 사실 반달이는 약한 인공 지능이에요. 반달이는 음성 인식과 표정 인식 기능을 통해 어떻게 반응했을 때 주희가 좋아하고 싫어하는지를 관찰해 그에 따라 반응한 거예요. 반달이가 기존의 채팅 로봇과 다른 점이 바로 이거예요. 기존에는 개발자들이 질문 하나하나를 미리 예상해서 입력해 놓았어요. 우리가 '고양이 사진을 찾아 줘.'라고 말하면 시리는 '고양이 사진은 귀가 뾰족하고 네 발이 보이는 동물 사진'이라는 미리 입력된 지식을 바탕으로 결과를 내놓지요.

하지만 반달이는 사전 지식이 아닌 개발자들이 무작위로 넣은 광대한 데이터만을 가지고 있어요. 그것을 토대로 주희와 대화를 나누면서 음성 인식과 표정 인식을 통해 정답과 아닌 것을 찾아내는 거예요. 이런 식으로 인공 지능을 성장시키는 방법을 '딥러닝'이라고 해요. 현재 딥러닝을 이용한 인공 지능의 수준은 꿀벌, 개미, 거머리의 뇌와 비슷한 수준입니다.

딥러닝 방식을 밥솥에 적용하면 밥을 짓는 사람에 맞게 섬세하게 맛을 조절할 수 있어요. 나만을 위한 밥솥 로봇이 탄생하는 거지요.

하지만 생각하는 게 꿀벌 수준이다 보니 당연히 문제가 생겨요. 이야기를 읽어 보면 놀랍게도 반달이가 주희를 괴롭히기 위해 못된 일을 꾸민 것으로 드러나요. 드론 탐정은 그 이유를 반달이가 주희의 행동이 무조건 옳다고 판단하고 따라한 결과라고 말하지요. 실제로 이런 일은 현실에서도 있었어요. 2016년에 공개된 채팅 로봇 '테이'는 인종 차별과 여성 비하 발언이 옳다고 생각하기 시작하면서 16시간 만에 인터넷상에서 사라졌어요. 그 원인은 테이가 대화를 나눴던 사람들이 주로 인종 차별과 여성 비하를 옳다고 생각하는 사람들이었기 때문이에요. 로봇 공학자들이 가장 우려했던 일이 드러난 예로 볼 수 있지요.

사람들이 잊기 쉬운 것 중 하나가 로봇은 도덕과 예절을 모른다는 점이에요. 반달이는 주희가 듣고 싶어 하는 최고의 친구라는 말을 해줌과 동시에 주희를 학교에서 바보로 만드는 일을 하면서도 양심의 가책을 느끼지 않았어요. 반달이의 행동에 많은 아이들이 웃고 즐거워하는 걸 보며 그게 옳다고 판단했기 때문이에요.

이렇듯 딥러닝 방식의 인공 지능은 자칫하면 심각한 악당이 될 수 있어요. 그럼에도 불구하고 인공 지능의 개발 속도는 점점 빨라지고 있고, 다양한 곳에 적용되고 있어요. 그 결과 10년 내에 수많은 직업이 사라지고 로봇이 그 일을 대체할 거라는 전망도 나오고 있어요.

이렇게 우리 곁으로 성큼 다가와 사람 대신 일하기 시작한 수많은 반달이들을 현명하게 다루려면 어떻게 해야 할까요? 아무리 인공 지능이 발전한다 해도 부딪힐 수밖에 없는 문제는 바로 반달이와 주희의 관계처럼 로봇은 소스코드를 만드는 사람의 마음을 그대로 따라한다는 거예요. 즉, 로봇은 잘잘못을 판단할 수 없다는 거지요. 이걸 막기 위한 방법은 도덕적 로봇의 개발이 인공 지능 개발과 병행되는 거예요. 아직 큰 진전이 없는 도덕적 로봇의 개발, 미래의 과학자인 여러분 손에 달려 있어요.

생각하기 & 토론하기

❶ 세계적인 SF 소설가인 아이작 아시모프는 로봇의 3원칙을 정한 바 있어요.

제1원칙: 로봇은 인간에게 해를 입혀서는 안 되며 위험에 처한 인간을 모른 척해서도 안 된다.
제2원칙: 제1원칙에 위배되지 않는 한, 로봇은 인간의 명령에 복종해야 한다.
제3원칙: 제1원칙과 제2원칙에 위배되지 않는 한, 로봇은 로봇 자신을 지켜야 한다.

이 세 원칙에는 첫 번째를 가장 중요한 것으로 둔다는 우선순위가 있어요. 하지만 현 시점의 로봇은 스스로 결정해야 하는 상황이 너무 많기 때문에 이 원칙들에는 허점이 있다고들 말해요. 과연 어떤 경우에 이런 허점이 생길지 생각해 보세요.

❷ 만약 여러분이 반달이의 테스트 요원으로 뽑힌다면, 반달이를 어떤 인공 지능 채팅 로봇으로 키우고 싶은가요?

스토리텔링 가치토론 교과서 ⑤
어린이를 위한 과학이란 무엇인가

1판 1쇄 발행 | 2017. 10. 16.
1판 3쇄 발행 | 2020. 5. 1.

백은영 글 | 송효정 그림

발행처 김영사
발행인 고세규
편집 박은희 | 디자인 김민혜
등록번호 제 406-2003-036호
등록일자 1979. 5. 17.
주소 경기도 파주시 문발로 197 (우10881)
전　화 마케팅부 031-955-3100 편집부 031-955-3113~20
팩　스 031-955-3111

ⓒ 2017 백은영, 송효정
이 책의 저작권은 저자에게 있습니다. 저자와 출판사의 허락 없이 내용의 일부를 인용하거나
발췌하는 것을 금합니다.

값은 표지에 있습니다.
ISBN 978-89-349-7914-2 74810
ISBN 978-89-349-6095-9 (세트)

좋은 독자가 좋은 책을 만듭니다. 김영사는 독자 여러분의 의견에 항상 귀 기울이고 있습니다.
전자우편 book@gimmyoung.com | 홈페이지 www.gimmyoungjr.com

이 도서의 국립중앙도서관 출판시도서목록(CIP)은 서지정보유통지원시스템 홈페이지(http://seoji.nl.go.kr)와
국가자료공동목록시스템(http://www.nl.go.kr/kolisnet)에서 이용하실 수 있습니다.
(CIP제어번호 : CIP2017025512)

어린이제품 안전특별법에 의한 표시사항
제품명 도서 제조년월일 2020년 5월 1일 제조사명 김영사 주소 10881 경기도 파주시 문발로 197
전화번호 031-955-3100 제조국명 대한민국 ⚠주의 책 모서리에 찍히거나 책장에 베이지 않게 조심하세요.